Zeitgespräch

Kirche und Medien

Zeitgespräch

Kirche und Medien

Herausgegeben
von Heinz Glässgen
und Hella Tompert

Herder
Freiburg · Basel · Wien

Herstellung: Freiburger Graphische Betriebe 1988
ISBN 3-451-21354-0

In dankbarer Erinnerung
an Bischof Dr. Georg Moser
Vorsitzender der Publizistischen Kommission
der Deutschen Bischofskonferenz
von 1975–1988

Inhalt

Ut habeant vitam – Damit sie das Leben haben

Zum Gedenken an Bischof Dr. Georg Moser

Dieser Band sollte eine Festgabe zum 65. Geburtstag von Bischof Dr. Georg Moser werden – jetzt wird er uns helfen, das Gedächtnis an eine Persönlichkeit wachzuhalten, die als Mensch, Seelsorger und Bischof in ihrem Leben und Wirken bleibende Spuren hinterlassen hat. Dafür schulden wir ihm großen Dank. In diesem Sinne verstehen sich auch die Beiträge dieses Bandes als Zeichen der Dankbarkeit für Begegnung, Begleitung und Wegweisung.

Bischof Dr. Georg Moser ist für uns allzu früh und allzu plötzlich kurz vor Vollendung seines 65. Lebensjahres – 9. Mai 1988 – verstorben. Sein bischöfliches Wirken stand unter dem Leitwort „Ut habeant vitam – Damit sie das Leben haben" (Joh 10, 10). Wer Bischof Georg kannte, wußte, daß dieses Leitwort für ihn nicht ein abstraktes Ideal, sondern die kraftspendende Mitte seines ganzen pastoralen Wirkens war. Dieses wiederum war von sehr handfester, blutvoller Lebendigkeit bestimmt. Geprägt von der Landschaft seiner schwäbischen Heimat und aufgewachsen in einer großen Familie, wußte er aus gediegener Erfahrung, was „Basis" ist. Seine akademische Bildung hat ihn nicht zum Theoretiker gemacht, und auch als Studentenpfarrer in Tübingen hat er stets eine lebensnahe, kommunikative und am konkreten Menschen orientierte Seelsorge ausgeübt. Ebenso hat ihn die Arbeit als Leiter der Katholischen Akademie in Stuttgart-Hohenheim nicht von seinen pastoralen Intentionen, wie sie seinem Wesen entsprachen, abgelenkt. Im Gegenteil, die Rundfunkansprachen aus der damaligen Zeit weisen ihn als feinsinnigen sowie kraftvollen Prediger aus, der in wohltuend bildhafter und einprägsamer Sprache – der das schwäbische Kolorit noch eine besonders sympathische Note verlieh – das Evangelium Gottes verkündete. Mit immer neuer Eindringlichkeit hat er das echte, unverstellte und ungeteilte Engagement für den Menschen in dieser Zeit und in dieser Wirklichkeit eingefordert – und selber vorgelebt.

Sein langjähriges Wirken im Bereich der katholischen Publizistik – bis zuletzt war er Vorsitzender der Publizistischen Kommission der Deutschen Bischofskonferenz, also „Medienbischof" – folgte dem Leitmotiv der Menschendienlichkeit, wie es Herr Prälat Schätzler in einem eindrucksvollen Beitrag nachweist. Es kam Georg Moser nicht darauf an, etwa immer neue Techniken in den Dienst der Kommunikation zu stellen, sondern nur wenn und insofern diese in der Tat und auf lange Sicht dem Menschen dienen – ut habeant vitam. Wahrhaft menschliche Kommunikation stand für ihn im Dienst des Lebens, dessen Fülle wir als Geschenk von Gott erwarten.

Auf dieses Leben hin hat Georg Moser in allen Bereichen seiner bischöflichen Tätigkeit gewirkt: als langjähriger Präsident von Pax Christi; im welt-kirchlichen Bereich, wo er sich besonders für die Dritte Welt eingesetzt hat; als Vermittler von großen integrativen Fähigkeiten im Bereich von Jugend und Familie, aber auch zwischen allen anderen Fronten; als Bischof im Einsatz für die ihm anvertrauten Gemeinden. Seine Kraft schien uns manchmal unerschöpflich zu sein. Enttäuschung und Schmerz, an denen es nicht mangelte, haben ihn nicht bitter gemacht. Aber sie haben seine Kräfte aufgezehrt. Gerade in den letzten Jahren hat Bischof Georg Moser mit letzter Hingabe seiner Diözese Rottenburg-Stuttgart gedient. Die Diözesansynode 1985/1986 ist ein herausragendes Beispiel dafür. Nun hat er Abschied genommen von uns und dieser Erde.

Die Deutsche Bischofskonferenz dankt Georg Moser für seinen ungewöhnlichen Dienst und für das treue Zeugnis seines Glaubens. Er hat viele bereichert, beschenkt und zu einem Leben in Fülle ermutigt. Lassen wir ihn nochmals selbst von der unzerstörbaren Hoffnung auf dieses Leben künden. Er spricht auch von seinem Leben und Sterben: „Zur Erde entschlossen, dürfen wir uns freuen über den Himmel. Der Horizont ist hell und weit geworden. Das Leben hat einen Sinn. Der Weg führt zum Ziel." (Aus einer Predigt zum Fest Christi Himmelfahrt)

Mainz, 12. Mai 1988, dem Fest Christi Himmelfahrt

Bischof von Mainz
Vorsitzender der Deutschen Bischofskonferenz

Vorwort

Am 10. Juni 1988 hätte Bischof Dr. Georg Moser, sein 65. Lebensjahr vollendet. Er starb am 9. Mai 1988. Bischof Moser war von 1975 bis zu seinem Tod Vorsitzender der Publizistischen Kommission der Deutschen Bischofskonferenz.

Gedacht als Gabe zu seinem Geburtstag, um Person und Leistung von Georg Moser zu würdigen und seine Wertschätzung, die Verbundenheit mit ihm zum Ausdruck zu bringen, wird dieses Buch nun zum Zeichen der dankbaren Erinnerung an ihn. Die Geburtstagsgabe ist jetzt respektvolle Würdigung des Verstorbenen.

Bischof Moser hat in seiner Eigenschaft als Vorsitzender der Publizistischen Kommission die Beziehung zwischen Medien und Kirche in der Bundesrepublik Deutschland nachhaltig beeinflußt. Gerade in einer Zeit vielfältiger Veränderungen und medienpolitischer Weichenstellungen hat Georg Moser durch kompetente und konsequente Äußerungen eine Standortbestimmung der Kirche im Bereich von gesellschaftlicher Kommunikation und Medien markiert und dabei unüberhörbar Kriterien ihrer menschendienlichen und sozialverträglichen Ordnung formuliert.

Der technische Fortschritt sei nicht Wert in sich selbst, der im Gefälle seiner Eigengesetzlichkeit hemmungslos und bedingungslos vorangetrieben werden dürfe. Wer folglich die Bedingungen von Kommunikation festlegt oder ändert, müsse die Wirkungen, auch die Nebenwirkungen, bedenken und den sachlichen Zusammenhang im Auge behalten: die Bedingungen von Kommunikation berührten elementar die Bedingungen einer Gesellschaft, die Bedingungen des Menschseins.

Höchstes Ziel der Kommunikation ist Verbundenheit und Gemeinschaft – ein Grundsatz, der von den Medien – zumindest auch von ihnen – gesellschaftliche Integration fordert. Dies bedeutet auch: Qualität steht über Quantität! Die wichtigen Fragen des Menschen müssen gestellt und angegangen werden – gerade wegen der großen Zahl der Verdrängungsversuche der Gegenwart. Für alles, was das Leben fördert, gegen alles, was es verstellt – so Bischof Moser.

Der Geburtstag des für gesellschaftliche Kommunikation und Medien (innerhalb und außerhalb der Kirche) in besonderer Weise verantwortlichen katholischen Bischofs in der Bundesrepublik war für namhafte Persönlichkeiten der Anlaß, aus ihrer Sicht, Erfahrung und Verantwortung zum Zeitgespräch „Medien und Kirche" spezifische Beiträge zu leisten. Diese Beiträge sind im Blick auf den zu feiernden Geburtstag geschrieben. Sie wurden – nicht nur aus zeitlichen Gründen – für und während der Drucklegung nicht mehr verändert. Was die Autoren dem Lebenden schrieben, sind Äußerungen zu Themen, die Bischof Georg Moser wichtig waren. Sie werden so zum Dokument, das echter und eindrücklicher die persönliche Beziehung zu ihm wiedergibt und die Erinnerung an ihn und sein Wirken als „Medienbischof" wachhält, als dies ein Nachruf vermocht hätte.

Die Gedanken der Autoren – Rückblicke, Beobachtungen, Reflexionen und Analysen – bewegen sich in dem Themenkreis, zu dem Bischof Moser immer wieder wichtige Grundsätze formuliert hat. Mit einigen seiner Äußerungen wird er am Ende des Buches selbst zu Wort gebracht.

Die Herausgeber

Hans Bausch

Kirchliche Spuren in der Rundfunkgeschichte

Es sind noch keine siebzig Jahre vergangen, seit der Rundfunk in Deutschland sich aus sehr bescheidenen Anfängen in der ersten Hälfte der zwanziger Jahre entwickelt und vom Publikum angenommen wurde. Erst dreißig Jahre ist es her, daß die Zahl der Fernseh-Haushalte die erste Millionengrenze überschritten hat. Seinerzeit schien man sich darüber einig, daß ein zweistündiges Abendprogramm ausreichend sei, weil weder die Ideen noch die Finanzen weitere Programmaktivitäten erlaubten. „Keinen Meter Film für das Fernsehen!" riefen die Spielfilmproduzenten, die im Fernsehen ihren Feind sahen. Die Fernsehleute der ersten Jahre verachteten ihrerseits die deutsche Spielfilmproduktion, die mit Herz-, Schmerz- und Heimatfilmen ihre Geschäfte machte. Noch im Oktober 1958 produzierte der Süddeutsche Rundfunk live an einem Donnerstagabend den „Kaukasischen Kreidekreis" von Bert Brecht, worauf der Intendant von Mitarbeitern der CDU-Bundesgeschäftsstelle in Bonn öffentlich sogleich aufgefordert wurde, er solle doch in die DDR auswandern, die damals noch SBZ (Sowjetische Besatzungszone) hieß.

Als der SDR wenig später Zuckmayers „Hauptmann von Köpenick" verfilmte, wurde er mit der Frage konfrontiert, ob man es wohl wagen könne, den in der Originalfassung des Schauspiels aus guten dramaturgischen Gründen vorkommenden jiddisch sprechenden „Kleiderjuden" nicht zu streichen, der im Trödelladen eine Hauptmannsuniform verkaufte. In einem zuvor erschienenen Spielfilm war diese Rolle gestrichen worden. Nach einem Telefongespräch mit dem Autor blieb die Rolle im Fernsehspiel. Schon wurde der Intendant vom heutigen Sprecher des Zentralrats der Juden in Deutschland, Herrn Galinski aus Berlin, als Antisemit öffentlich angeklagt.

Als ich am 1. September 1958 mein Amt als Intendant des Süddeutschen Rundfunks antrat, fand ich im Programm der Woche eine Sendung der Redaktion Radio-Essay von Heinrich Böll mit dem Titel „Brief an einen jungen Katholiken". Ich ließ mir das Manuskript geben und entschloß mich, die Sendung in dieser Form nicht ausstrahlen zu lassen, weil sie unwahre und ungerechte Beschuldigungen gegen die Rolle der katholischen Kirche im Dritten Reich enthielt. Der zuständige Redakteur Alfred Andersch war nicht zu erreichen; er weilte aus gesundheitlichen Gründen im Tessin. Also setzte ich mich mit Heinrich Böll in Verbindung und bat ihn um ein Gespräch. Wir haben uns im Kölner Haus des Dichters vier Stunden lang gestritten. Frau Böll griff in die lautstarke Diskussion immer dann ein, wenn sie eine neue Kanne Tee brachte. Die Sendung wurde nicht ausgestrahlt und der Artikel im „Spiegel" folgte, wie zu erwarten war. Heinrich Böll erhielt sein Honorar und den Rat, sein Manuskript im „Werkheft katholischer Laien" zu publizieren. Als wir die Aufnahme von damals aus Anlaß des Todes von Heinrich Böll im zweiten Radioprogramm ausstrahlten, nahm die öffentliche Meinung davon keine Notiz.

Unter der Kanzel in der Kirche zu sitzen, wenn der Fastenhirtenbrief verlesen wurde, konnte einem jungen Intendanten Ende der fünfziger Jahre auch kein großes Behagen bereiten. Denn da wurde empfohlen, als Fastenopfer auch das Fernsehen gar nicht erst einzuschalten.

Im Rundfunkrat des SDR wurde damals ernsthaft darüber diskutiert, ob es erlaubt sei, am Buß- und Bettag ein Fußballspiel aus Hannover im Programm des SDR zu übertragen, weil eine solche Übertragung ein Verstoß gegen das Feiertagsgesetz des südwestdeutschen Bundeslandes darstellen könnte.

Erinnert sei an die Diskussionen in Akademien und in gedruckten Publikationen, die sich ernsthaft mit der Frage auseinandersetzten, ob man bei der Übertragung eines Gottesdienstes, bei der Übertragung einer Messe als Zuhörer oder

Zuschauer im Lehnstuhl sitzen bleiben dürfe oder in die Knie fallen müsse.

Diese sehr privaten Erinnerungen mögen nur eines deutlich machen: Kirchen und Religionsgemeinschaften haben sich nicht leicht getan, das neue von der Technik hervorgezauberte Instrument Rundfunk in der Form von Radio oder später von Fernsehen zu begreifen und einzuordnen in die herkömmliche Welt der Gemeinde, des Glaubens, der Kirche schlechthin. Es muß, wie ich zu behaupten wage, ein ähnlicher Schock gewesen sein, wie damals im Mittelalter nach Gutenberg und Luther, als nicht nur die Kleriker, sondern auch die gewöhnlichen Gläubigen im Lauf der Jahrzehnte das Wort Gottes unmittelbar in ihrer Muttersprache zu lesen lernten.

Kein Zweifel: Hörfunk und Fernsehen haben eine neue Wirklichkeit geschaffen, die diesen Namen nicht verdient. Diese „mediale Wirklichkeit" erweckt den Anschein, als sei man überall beteiligt, über alles informiert, als überblicke man die Welt und erkenne alle ihre Probleme. Davon kann natürlich nicht die Rede sein, weil auch die Journalisten und Programmgestalter der Radio- und Fernsehsendungen ebenso wie die Redakteure der Zeitungen immer nur Ausschnitte aus der Wirklichkeit vermitteln können und die Komplexität der Realitäten unentwegt reduzieren müssen, um die Realitäten darzustellen und vermittelbar zu machen. Das ist nicht nur ein Geschäft, das unter professionellen Aspekten saubere Arbeit verlangt, sondern auch an ethischen Maßstäben gemessen werden muß.

Es ist, wie mir scheint, die eine Seite kirchlicher Rundfunkarbeit. Sie muß in beständigem Kontakt und ehrlichem Gespräch diejenigen ermahnen und ermuntern, die an eine ihnen unbekannte Öffentlichkeit – theoretisch „an alle" – ihre Nachrichten, Botschaften und Meinungen verbreiten können.

Wir haben in der Diözese Rottenburg-Stuttgart, in der unser Sender liegt, Zusammenarbeit und Gespräch immer gesucht und praktiziert. Die Katholische Akademie in Hohenheim, von Alfons Auer und Georg Moser wesentlich geprägt, ist immer wieder ein Forum gewesen, die Probleme der Journalisten, der sogenannten Massenmedien insgesamt und der Medienpolitik in der Bundesrepublik Deutschland auszubreiten und zu diskutieren. Der Akademiedirektor Georg Moser hat dafür viel getan und diese Erfahrungen als Bischof dankenswerterweise nicht vergessen. Sowohl die kommunikative Begabung als auch besondere menschlich-soziale Fähigkeiten und eine große Offenheit haben immer zu Georg Moser gehört, seit ich ihn kenne. Und begegnet sind wir uns schon früh, schon als Studenten in der Katholischen Studentengemeinde in Tübingen, als der eine nicht ahnen konnte, daß er einmal Bischof der Diözese werden würde und der andere nicht ahnte, irgendwann Intendant des Süddeutschen Rundfunks zu werden. In der Ära des Studentenpfarrers Alfons Auer haben wir in der „Hügelei" zu Tübingen auch manches Fest gefeiert, und ich werde es nie vergessen, daß wir – es muß wohl 1947 gewesen sein – als Stegreif-Oper einen „Froschkönig" dargeboten haben, bei dem der Theologiestudent Moser den Frosch spielte und mit seinem „quak – quak – quak" das Publikum erheiterte. Aus der Rückschau fällt mir übrigens ein, daß er – auch das bezeichnend für ihn – einer der wenigen Theologiestudenten war, die das „Ghetto" des Wilhelm-Stiftes in Tübingen verlassen und sich unter die katholischen Studenten anderer Fakultäten gemischt haben. Das Primiz-Bildchen, das er mir seinerzeit zugeschickt hat, liegt seit vierzig Jahren in meinem Gebetbuch.

Was aber sagt ein Rundfunkintendant in seinem dreißigsten Dienstjahr dem „Medienbischof" der katholischen deutschen Bischofskonferenz? Glücklicherweise gibt es zwei Dissertationen, die man als Bücher erwerben kann. Die Autoren werden sich erinnern, daß ich ihnen den Anstoß für ihre Arbeit gegeben habe. Günther Bauer hat die „Kirchliche Rundfunkarbeit 1924–1939" schon 1966 beschrieben. Heinz Glässgen hat in seiner Arbeit „Katholische Kirche und Rundfunk in der Bundesrepublik Deutschland 1945–1962" alle Quellen ausgeforscht und mit Akribie ausgewertet. Wer es wirklich wissen will, kann sich detailliert informieren über die katholische Rundfunkarbeit in der Weimarer Republik, im Dritten Reich bis zu jenem Zeitpunkt, als die Kirchen völlig ausgeschaltet worden sind und dann über die Zeit zwischen zweitem Weltkrieg und Gründung des ZDF. Gesucht wird eigentlich jetzt ein dritter Autor, der sich mit der kirchlichen und der katholischen Medienarbeit seit 1962 beschäftigt.

Wer immer der Autor sein wird, er wird es schwer haben. Nicht etwa deswegen, weil ihm die Quellen verschlossen blieben, sondern wegen der Komplexität der Probleme, die sich unter den Stichworten „Rundfunkpolitik" und „Medienpolitik" versammelt haben. Er wird zu erforschen haben, wie sich das Verhältnis zwischen den Kirchenfunk-Redaktionen der öffentlich-rechtlichen Rundfunkanstalten und den „kirchlichen Beauftragten" oder den Vertretern der Kirchen in den Aufsichtsgremien des Rundfunks entwickelt hat. Dabei wird er bald bemerken, daß nicht nur der Staat in der Bundesrepublik Deutschland föderalistisch organisiert ist, sondern daß sich auch die Rundfunkgesetze in den deutschen Bundesländern in entscheidenden Punkten unterscheiden. Er wird auch bemerken, daß die Kirchen in ihren Diözesen nicht über einen Leisten geschlagen werden können. Er wird auf Persönlichkeiten in den Rundfunkräten stoßen, die, vor allem auch im Kontrollgremium für das ARD-Gemeinschaftsprogramm, Gewicht und Macht gewonnen haben. Er wird auf den „Radio-Marschall" stoßen, der schon in der Weimarer Republik und nach dem Krieg vor allem in Nordrhein-Westfalen sich dem Rundfunk verschrieben hat. Die Namen von Karl Becker, der den Titel eines Dompräbendars in Freiburg führte, und von Karl August Siegel, der heute als Weihbischof in Hamburg waltet, werden ihm ebenso auffallen wie der Name von Professor Dr. Karl Forster, der in München an der Katholischen Akademie und dann an der Universität Augsburg gewirkt hat.

Wenn es eine Linie gibt, welche die katholische Kirche in der Bundesrepublik Deutschland verfolgt hat, so darf man sagen, es sei die Linie eines gemeinnützigen und öffentlich-rechtlichen Rundfunks gewesen, die den Rundfunk weder dem Staat noch der kommerziellen Privatwirtschaft ausgeliefert sehen möchte. Der „Medienbischof" Georg Moser hat mit Behutsamkeit und Bedacht die rundfunkpolitischen Auseinandersetzungen ohne spektakuläre Aktionen beobachtet und gesteuert. Er hat international in der päpstlichen Kommission seine Erfahrungen eingebracht, seinen Beitrag geleistet und wird wohl, soweit seine Kraft reicht, weiterhin gefordert bleiben.

Als Kardinal Frings 1960 dem Bundeskanzler Konrad Adenauer widersprochen hat, als dieser den Rundfunk als staatlich beherrschtes marktwirtschaftliches Instrument organisieren wollte, wurde eine zweifache Unabhängigkeit deutlich: sowohl der Rundfunk wie auch die Kirche müssen in der Gesellschaft angesiedelt sein und dürfen nicht den Mehrheiten ausgeliefert werden, die sich bei politischen Wahlen für die Verantwortung im Staat ergeben. Im Geist der päpstlichen Sozialenzykliken, der „Medienenzykliken", wie etwa ‚Communio et Progressio', bleibt ein weites Arbeitsfeld für die Kirche, die Medien der sozialen Kommunikation nicht total dem Konsum-Geschäft auszuliefern, um den Menschen, den Bürger und den Gläubigen zu schützen vor seiner Degradierung zum schlichten Konsumenten, wie beim Einkauf im Supermarkt. Die Kirche darf sich nicht, wie es in diesem oder jenem Dekanat empfunden werden mag, auf das Geschäft des „Dabeiseins" einlassen. Sie muß ihre Stimme erheben, ihre Rechte beanspruchen; aber sie darf denen, die mit Hörfunk und Fernsehen nur Geld verdienen wollen, nicht wegen eines „Worts zum Sonntag" schon die Hand reichen.

Die Kirche muß dagegenhalten, wenn wir nur als Objekte der Marktwirtschaft, nur als Käufer, Abonnenten, Verbraucher und Konsumenten in den Werbemarkt eingepfercht werden. Die Kirche muß den Rundfunkanstalten helfen, Programme zu machen, die den Gläubigen, den Minderheiten, den Benachteiligten zugute kommen, damit sie ihr eigenes Leben bewältigen können.

Die Macht im Staat ist eine Sache; dafür gibt es Wahlen nach den Spielregeln der Demokratie. Die Gesellschaft ist eine andere Sache. In ihr vollzieht sich das Leben in Familien und Lebensformen, die sich erst noch zu bewähren haben. Die Wirtschaft hat ihre eigenen Gesetze. Von der Kirche erwarten wir, daß sie Maßstäbe setzt, sich unbeschadet der Kirche am Sonntag im Gespräch der Gesellschaft wirkungsvoll bemerkbar macht. Im öffentlich-rechtlichen Rundfunksystem haben die Kirchen ihren angemessenen Platz, diese Aufgabe zu erfüllen. Ich kann nur hoffen, daß ihnen von den Politikern, welche die Gesetze machen, diese Aufgabe nicht streitig gemacht wird.

Dieter Stolte

Fernsehen als Medium und Faktor der Kultur

Zur Rolle des öffentlich-rechtlichen Rundfunks

Nachem sich in den letzten Jahren in der Bundesrepublik Deutschland ein einschneidender Wandel in der Fernsehlandschaft von einem Monopol des öffentlich-rechtlichen Rundfunks zu einem dualen System von öffentlich-rechtlichen und privaten Programmanbietern vollzogen hat, das im neuen Rundfunkstaatsvertrag vom November 1987 gesetzlich untermauert wurde, hat sich die Diskussion von der Frage nach einem Für oder Wider die Zulassung privater Programmanbieter auf inhaltliche und strukturelle Fragen der Programmgestaltung und der Medienpolitik verschoben.

Ein zentraler Streitpunkt der gegenwärtigen Diskussion zwischen öffentlich-rechtlichen und privaten Anbietern stellt die Frage nach dem *Kulturauftrag* des Fernsehens dar. Während von öffentlich-rechtlicher Seite, mit Verweis auf die vom Bundesverfassungsgericht in seinem 4. Rundfunkurteil vom 4. November 1986 herausgestellte und im 5. Rundfunkurteil vom 24. März 1987 näher bestimmte Aufgabe der „Grundversorgung", die dem öffentlich-rechtlichen Fernsehen im Unterschied zu den privaten Anstalten obliege, ein umfassender Kulturauftrag betont wird, der zu einem angemessenen Verhältnis von informierenden, bildenden (kulturellen) *und* unterhaltenden Programmen verpflichte, sieht die private Seite in diesem „Kulturauftrag" ein hochstilisiertes Scheinargument, das lediglich dazu diene, die ständig zunehmende Tendenz einer Konkurrenzierung und eines zunehmenden Angebots an Unterhaltungssendungen zu verschleiern und sich der Zuschauergebühren zu versichern.

Die Forderung der Privaten dagegen lautet: Überlaßt uns die

Unterhaltung (und die Werbung – worauf ich hier nicht eingehe), und beschränkt euch auf Information und Bildung! Daß eine solche Forderung auf einem zu engen Verständnis von Kultur beruht, soll im folgenden verdeutlicht werden. Mit anderen Worten: Um die gegenwärtige Kontroverse überhaupt sinnvoll diskutieren zu können, bedarf es zunächst einer Klärung des Begriffs von „Kultur", der auf das Massenmedium Fernsehen angewandt werden kann und der dieses als einen Teil seiner selbst begreift. (In einem zweiten und dritten Schritt wird dann die besondere Rolle des Fernsehens als Massenkommunikationsinstrument und als Medium und Faktor der Kultur erläutert. Die daraus resultierende kulturelle Verantwortung des öffentlich-rechtlichen Fernsehens verdeutliche ich in einem vierten Schritt am Beispiel kirchlicher Sendungen. Abschließend werden einige Aspekte zukünftiger Kulturarbeit in den Medien thematisiert.)

1. Drei Kulturbegriffe und Fernsehen

Nach einem einheitlichen Verständnis von Kultur sucht man heute sowohl in den Wissenschaften als auch im Alltagsverständnis der Zuschauer vergeblich. Gerade hinsichtlich der Einordnung des relativ neuen Mediums Fernsehen in den kulturellen Rahmen scheiden sich die Geister: Während die einen es als unverzichtbaren Promotor und Ausdruck einer neuen und breiten Massenkultur begrüßen, verwerfen es die anderen als ‚Teufelswerk', das wahre Kultur zerstöre und einem rapide sich vollziehenden Kulturverfall Vorschub leiste. Solch gegensätzliche Einschätzungen beruhen auf einem unterschiedlichen, explizit zugrunde gelegten oder implizit unterstellten (Vor-)Verständnis von Kultur.

Strukturell lassen sich gegenwärtig mindestens drei Begriffe von Kultur unterscheiden:

1. Kultur im Sinne von *Hoch-* bzw. *Elitekultur* (höhere Kultur im engeren Sinne): anspruchsvolle Literatur, bildende

Kunst, Theater, Oper, ernste Musik. Sie ist Sache weniger schöpferischer Geister für wenige gebildete Rezipienten.

2. Kultur im Sinne der *schöpferischen Leistungen* des Menschen im literarisch-künstlerischen, gesellschaftlich-politischen und wissenschaftlich-technischen Bereich (höhere Kultur im weiteren Sinne): Zu den Ausformungen der höheren Kultur im engeren Sinne kommen erstens die das Gesellschaftlich-Politische betreffenden Institutionen Recht, Staat, Religion und Medizin und zweitens die naturwissenschaftlichen und technischen Leistungen. Hierbei handelt es sich um einen eher *pragmatischen*, d. h. am Schaffen des Menschen orientierten Kulturbegriff, der sowohl die ethisch-politische Kultur des Handelns als auch die technische Kultur des Machens[1] umfaßt.

3. Kultur im Sinne von *Populär-* oder *Massenkultur* (Kultur im weiteren Sinne): Zu ihr gehört alles das, was den Lebensstil größerer Gruppen der Gesellschaft prägt, wie z. B. Pop-Musik, Schlager, Unterhaltungsfilme und -literatur, Mode, Wohnen und Freizeitgestaltung. Wie das Wort bereits besagt, ist Massenkultur sehr eng mit den sogenannten Massenmedien verbunden.

Die beschriebene Ausweitung des Kulturbegriffs ist geschichtlich gewachsen. Der moderne Kulturbegriff findet sich erstmals bei Herder. Dieser unterscheidet Kultur im Sinne von Hochkultur, die der Bildung und Veredelung des menschlichen Charakters dient, von Zivilisation, worunter er die technischen und wirtschaftlichen Leistungen versteht. Allerdings gewinnen gerade diese im Zuge der fortschreitenden Industrialisierung immer mehr an Bedeutung und führen zum zweitgenannten Kulturbegriff. Der bildungsbürgerlich geprägte Begriff von Kultur als höhere Kultur, sei es im engeren literarisch-künstlerischen oder sei es im weiteren pragmatisch orientierten Sinn, dominierte im 18. und 19. Jahrhundert. Mit dem Siegeszug der Massenmedien in diesem Jahrhundert erfuhr der Kulturbegriff eine erneute Ausweitung durch die sogenannte Massenkultur.

Hoch- bzw. Elitekultur und Populär- bzw. Massenkultur

stellen keine einander ausschließenden Gegensätze dar, wie die Begriffe auf den ersten Blick nahelegen, sondern beziehen sich, genau besehen, auf unterschiedliche Gesellschaftsstrukturen und deren Selbsteinschätzung. Um sowohl dieses unhistorische Gegensatzverständnis als auch die mit den Begriffen Populär- und Massenkultur als niedere Kulturformen leicht assoziierbare Abwertung fernzuhalten, scheint mir der Terminus *„Alltagskultur"* gerade auch im Hinblick auf die Kulturfunktion des Fernsehens angemessener zu sein. Alltagskultur liegt außerhalb der falschen Alternative von Elitekultur oder Populärkultur. Sie erlaubt nicht nur, beide Kulturen nebeneinander bestehen zu lassen, sondern darüber hinaus Verbindungslinien zwischen beiden zu ziehen. Während es früher nahezu keine Berührungspunkte zwischen Elite- und Massengeschmack gab, lassen sich heute – nicht zuletzt aufgrund der Vermittlung durch die Massenmedien – doch eine Reihe von Gemeinsamkeiten auffinden. Erinnert sei etwa an die nicht unerhebliche Zahl von Zuschauern, die neben klassischer Musik auch Pop-Musik lieben oder die die perfekt gemachte Unterhaltung eines James-Bond-Filmes ebenso schätzen wie die Aufbereitung konkreter sozialer Probleme in einem Fernsehspiel.

Das Massenmedium Fernsehen vereint – sowohl vom formalen Bildungsgrad auch als von den Interessenslagen her – unterschiedliche kulturelle Gruppierungen zu *einem* Publikum und bietet somit die Chance, daß unterschiedliche Lebensformen einander näherkommen und Verständnis füreinander gewinnen. Jeder kann sehen, was dem anderen gefällt. Der von mir präferierte Begriff einer „Alltagskultur" geht einher mit der Bemühung, eine Verbindung – was nicht heißen soll eine bloße Vermischung – zwischen besonderen und allgemeinen Kulturkreisen herzustellen, unterschiedliche Teilbereiche der Gesellschaft miteinander bekannt zu machen und das darin Bewegende und Relevante allen mitzuteilen.

Dem Fernsehen kann es weder darum gehen, nur Elitekultur zu vermitteln, die dann nur sehr wenige Zuschauer findet, noch nur Massenkultur vorzuführen, die sich allein an der

Größe ihrer Verbreitung bemißt, vielmehr muß es ihm darum zu tun sein, sowohl die Einseitigkeiten und Gefahren der Elitekultur als auch die der Populärkultur zu vermeiden. Fernsehen sollte sich darum bemühen, Kultur in der Weise anzubieten, die sie als lebenswichtigen Bestandteil des individuellen und gesellschaftlichen Lebens ausweist.

Eine wesentliche Funktion des öffentlich-rechtlichen Fernsehens in einer pluralistischen Gesellschaft besteht darin, die Vielfalt und Vielzahl konkurrierender Weltanschauungen und Lebensstile wiederzugeben. Daher darf es nicht verwundern, wenn alle drei genannten Kulturbegriffe auch für den Bereich des Fernsehens eine Anwendung finden. Diese läßt sich im Blick auf den dreifachen Programmauftrag des öffentlich-rechtlichen Fernsehens – informieren, bilden und unterhalten – verdeutlichen. *Bildung* wird häufig mit *höherer Kultur im engeren Sinne* gleichgesetzt. Zwar reicht das bildungsbürgerliche Verständnis des 18. und 19. Jahrhunderts von Kultur als Hochkultur trotz des enormen Zuwachses der Bildungsschicht in diesem Jahrhundert nicht zu, um dem relativ neuen Massenmedium Fernsehen im ganzen gerecht zu werden. Dennoch spielte es bei der anfänglichen Einteilung der Fernsehanstalten in Redaktionen in den fünfziger und sechziger Jahren für das Selbstverständnis der Kulturabteilungen eine tragende Rolle. Später hat dieser Kulturbegriff dann eine Ausweitung auf moderne Ausprägungen der Populärkultur erfahren.

Dieses neue, erweiterte Kulturverständnis wurde im Jahre 1973 programmatisch von dem damaligen Leiter des ZDF-Kulturmagazins „Aspekte“, Reinhart Hoffmeister, artikuliert: „Der Kulturbegriff wird bei ‚Aspekte‘ realistisch verstanden. In unserer Zeit bedeutet Kultur nicht allein Literatur und bildende Kunst, Theater und Musik, Film und Architektur. Gerade das, was dem Menschen direkt unter die Haut geht, gehört heute zur Kultur: sein Wohnen, seine Freizeit, seine Umwelt. Nicht eine elitäre Minderheit, sondern alle Menschen, die aufgeschlossen und diskussionsbereit sind, sollen durch ‚Aspekte‘ angesprochen werden.“[2]

Neben der beschriebenen weitgehenden Gleichsetzung von bildenden und kulturellen Programmen werden häufig *bildende* und *informierende* Sendungen unter dem erweiterten, *pragmatisch* orientierten Begriff von höherer Kultur zusammengefaßt, der – wie beschrieben – neben der literarisch-künstlerischen die gesellschaftlich-politische und die wissenschaftlich-technische Sphäre umfaßt. Fragt man schließlich nach dem kulturellen Auftrag des öffentlich-rechtlichen Rundfunks im Sinne der vom Bundesverfassungsgericht auferlegten Verpflichtung zur „Grundversorgung", so kommt der weiteste Begriff von Kultur als *„Alltagskultur"* zum Tragen, der neben *Information* und *Bildung* auch die *Unterhaltung* umfaßt. Zum umfassenden Kulturauftrag des Fernsehens gehört beides: die Pflege der höheren Kultur und die Vermittlung der Massenkultur. Allerdings darf die Berücksichtigung eines veränderten Kulturverständnisses in unserer Gesellschaft nicht als Kehrtwendung zu einem unterhaltungsorientierten Fernsehen mißverstanden werden: Die eher anspruchsvolle Kultur bleibt auch weiterhin als Kern der kulturellen Programme erhalten.

Auf der Folie dieser drei Begriffe von Kultur lassen sich auch die erheblich differierenden Zahlen bezüglich des Anteils von Kultursendungen am Gesamtprogramm erklären. So belief sich beispielsweise im ZDF im Jahre 1985 der Anteil kultureller Sendungen im engeren Sinne (= Bildungsprogramme) auf ca. 22%, im erweiterten pragmatischen Sinne (= Bildungs- und Informationsprogramme) auf ca. 40% und im weitesten Sinne von Alltagskultur (= eher anspruchsvolle Informations-, Bildungs- und Unterhaltungsprogramme) auf ca. 55%. Allerdings ist häufig eine scharfe Grenzziehung zwischen informierenden, bildenden und unterhaltenden Programmen nicht möglich und wird auch nicht angestrebt. Vielmehr können im Idealfall alle drei Funktionen Bestandteile einer Sendung sein.

Zusammenfassend darf gesagt werden: Der Kulturbegriff des Massenmediums Fernsehen zielt weder auf eine bloße Elitekultur noch auf eine bloße Populärkultur, sondern auf eine Alltagskultur, die alle Ausformungen unserer Gesellschaft umfaßt. Ein solch weites Kulturverständnis läßt sich mit Hilfe der modernen Kulturanthropologie (E. Rothacker, A. Gehlen, M. Landmann) philosophisch untermauern, die Kultur als Inbegriff dessen versteht, was die Menschheit nicht schon von der Natur als Anlage mitbekommen, sondern durch eigene Schöpferkraft hervorgebracht hat, und als zentrales Wesensmerkmal *(„Anthropinon")* des Menschen herausstellt. Dementsprechend prägte Michael Landmann die Formel vom Menschen als „Schöpfer und Geschöpf der Kultur".

Erst im Ausgang von dieser wesensmäßigen Kulturalität des Menschen kann sinnvollerweise nach unterschiedlichen Kulturniveaus gefragt und von einem Aufstieg oder Verfall der Kultur gesprochen werden. Es ist beispielsweise zu fragen: Muß Kultur nicht immer auch ein ethisches Moment enthalten, das es erlaubt, zwischen Wesentlichem und Unwesentlichem zu unterscheiden, wie Albert Schweitzer in seinem Werk „Kultur und Ethik" [3] leidenschaftlich fordert? Gibt es eine dem Menschen vorgezeichnete ‚natürliche', ‚ideale' Kultur, oder müssen wir uns mit einer Pluralität von Kulturen begnügen, die jeweils nur nach ihrem immanenten Maßstab zu messen sind, wie Michael Landmann [4] nachzuweisen versuchte? Die hier angesprochene Schwierigkeit, geeignete Kriterien für die Bewertung unterschiedlicher nationaler Kulturen zu finden, läßt sich auch auf die unterschiedlichen Kulturstile und -ausprägungen innerhalb einer Gesellschaft übertragen. Auch wenn das Massenmedium Fernsehen einen nicht unerheblichen Anteil an der Prägung der Alltagskultur hat, würde man die Programmacher überfordern, wollte man ihnen allein die Verantwortung für das kulturelle Niveau einer Gesellschaft aufbürden.

2. *Fernsehen als Kommunikationsinstrument*

Eines der zentralsten, wenn nicht das zentrale Merkmal der Fernsehkultur ist, daß Fernsehen ein Massenmedium ist. Durch seine unschlagbare Kombination von Bild und Wort ist das Fernsehen zum wichtigsten *Instrument der Massenkommunikation* unseres Zeitalters geworden. Kennzeichen von Massenkommunikation ist nach Charles R. Wright, daß sie sich an „relativ große, heterogene und anonyme Publika" wendet. Im Unterschied etwa zum Fachbuch richtet sich das Fernsehen nicht an ein jeweils bestimmtes, sondern an ein allgemeines Publikum, versucht nicht wenige, sondern alle anzusprechen. Dieses Faktum unterstreicht erneut, daß die Kulturfunktion des Fernsehens nur von einem weitgefaßten Kulturverständnis als *„Kultur für alle"*[5] her zureichend interpretiert werden kann.

Allerdings ist der Terminus „Massenmedium" in zweifachem Sinne zu verstehen: Einerseits ist das Fernsehen Massenmedium in einem *absoluten* Sinne, indem es darauf aus ist, sehr große Teile der Bevölkerung mit seinen Sendungen zu erreichen, was vornehmlich Spielfilmen, Unterhaltungsshows und Übertragungen sportlicher Großereignisse mit Einschaltquoten über 40 oder 50% gelingt. Andererseits ist das Fernsehen aber auch Massenmedium in einem *relativen* Sinne, wenn es beispielsweise bei einer Opernübertragung ‚nur' Einschaltquoten von 1 oder 2% erzielt, denn damit erreicht es immer noch 400000 bis 800000 Zuschauer, eine Zahl, an die selbst die bestbesuchtesten Opernhäuser, über einen längeren Zeitraum betrachtet, nicht einmal annähernd herankommen können.

Pluralistische Gesellschaften wie die unsrige sind geprägt durch eine Vielzahl und Vielfalt unterschiedlichster Interessenlagen, Lebenstile, Werthaltungen und Weltanschauungen und bedürfen infolgedessen pluralistisch organisierter Kommunikationsmittel. Zu deren unabdingbaren Aufgaben gehört, daß sie die *freie individuelle und öffentliche Meinungsbildung* befördern, indem sie den gesellschaftlichen Gruppen

Gelegenheit zum meinungsbildenden Wirken geben und das breite Spektrum der Meinungen wiedergeben. Freie Meinungsbildung vollzieht sich in einem Prozeß sozialer Kommunikation.

Die daraus sich ableitende Forderung nach *programmlicher Vielfalt* ist im Kern als Vielfalt kommunikativ aufeinander bezogener Meinungen zu verstehen. Meinungsvielfalt wird jedoch nicht bereits durch eine zahlenmäßige Vermehrung von Programmen gewährleistet. Gerade aufgrund ihrer spezifischen, von wirtschaftlichen Gesichtspunkten beherrschten Wettbewerbssituation tragen private Programmanbieter eher zu einer einseitigen Verlagerung des umfassenden kulturellen Programmauftrags auf massenattraktive, unterhaltende Sendeformen als zu einer größeren Programmvielfalt bei. Anders gewendet: Die Programme privater Anbieter sind aufgrund ihrer inneren Logik nicht in der Lage, die Aufgabe möglichst umfassender und vollständiger Information zu erfüllen, die unabdingbare Voraussetzung des gesetzlich geschützten freien und öffentlichen Meinungsbildungsprozesses sind.

Daher hat der Gesetzgeber den öffentlich-rechtlichen Fernsehanstalten die Aufgabe einer *„Grundversorgung"* auferlegt, die sich ausdrücklich nicht auf eine „Mindestversorgung" mit Nachrichten, politischen Kommentaren und Information über Probleme der Vergangenheit, Gegenwart und Zukunft beschränkt, sondern ebenso Fernsehspiele, musikalische Darbietungen und Unterhaltungssendungen mit einschließt. Grundversorgung meint also keine Grenzziehung oder Aufgabenteilung zwischen öffentlich-rechtlichem und privatem Rundfunk, etwa dergestalt, daß die private Seite die Unterhaltung übernimmt und die öffentlich-rechtliche Seite ausschließlich für informierende und kulturelle Sendungen aufzukommen hat. Keinesfalls darf öffentlich-rechtlicher Rundfunk auf eine Komplementärfunkton im Sinne eines Ausgleichs möglicher Defizite des privaten Rundfunks beschränkt werden. Rundfunk funktioniert als Kommunikationsinstrument nur dann, wenn er mit Unterhaltungsprogrammen Mehrheiten anspricht und mit Minderheiten verbinden kann, für die ein umfangreiches Angebot an informierenden und kulturellen Sendungen besteht. Nur so hat Fernsehen die Chance, zur *Integration* unterschiedlicher gesellschaftlicher Gruppen beizutragen.

Öffentlich-rechtliches Fernsehen erfüllt eine *Dienstleistungsfunktion* für die Gesellschaft im Sinne eines Forums für den öffentlichen und freien Diskurs, auf dem ein Wettbewerb der Meinungen stattfindet. Ebenso übernehmen die Medien eine Dienstleistungsfunktion für die Kultur, indem sie diese durchsichtig und für jedermann zugänglich machen.

Fernsehen ist primär *kein Wirtschaftsgut,* sondern ein *Kommunikationsinstrument* und damit ein *Kulturgut.* Demgemäß darf die Erfüllung des kulturellen Auftrags des Fernsehens sich nicht primär an den Gesetzen des freien Marktes von Angebot und Nachfrage orientieren und damit Kultur von Einschaltquoten abhängig machen. Ein solcher – von privater Seite immer wieder geforderter – freier Marktwettbewerb verkennt die vorrangig gesamtgesellschaftliche Dienstleistungsfunktion des Fernsehens und würde unweigerlich zu einer erheblichen Schädigung und Verflachung der Fernsehkultur führen. Dies unterstreicht ein Kernsatz des 5. Rundfunkurteils: „Marktchancen können eine Frage wirtschaftlicher, nicht aber der Meinungsfreiheit sein." Es muß daher sichergestellt werden, daß auch in einem zusammenwachsenden europäischen Mediengeflecht Rundfunk Kommunikationsinstrument bleibt, und nicht zum Wirtschaftsgut verkommt.

3. Kultur im Fernsehen und Kultur durchs Fernsehen

Die besondere kulturelle Verantwortung des Fernsehens läßt sich entsprechend seinem Charakter als *Medium* und *Faktor* der Kultur in die Bereiche *Kultur im Fernsehen,* d. i. die Darbietung fremdgeschaffener kultureller Leistungen im Fernsehen, und *Kultur durchs Fersehen,* d. i. der eigene produktive Beitrag des Fernsehens zur Erhaltung, Förderung und Schöpfung von Kultur, gliedern. Ähnlich wie der Mensch zugleich „Schöpfer und Geschöpf der Kultur" ist, ist die Institution Fernsehen einerseits Teil der Kultur, andererseits Motor der Kultur, einerseits *kulturgeprägt,* andererseits *kulturprägend.*

Die Funktion des Fernsehens als Kultur*medium* zeigt sich insbesondere in folgenden Bereichen:

- in der Vermittlung nationaler Kultur, beispielsweise durch Sendungen zur deutschen Geschichte, einheimischen Kunst und Lebensart;
- in der Vermittlung ausländischer Kultur als Beitrag zur Völkerverständigung und zur eigenen Horizonterweiterung, etwa durch Reiseberichte, Fernsehspiele und Fernsehfilme des Auslands;
- in der Vermittlung anderer Kulturfaktoren und Kulturmedien, wie z. B. durch Sendungen über Literatur, Theater, Malerei, Ballett, Musik, Oper, Kinofilm (d. h. Kultur im engeren Sinne) und über Wissenschaft und Technik, Wirtschaft, Gesellschaft, Religion, Recht, Medizin und Sport (d. h. Kultur im weiteren Sinne).

Genau besehen, findet bereits in diesem Bereich der Vermittlung fremdgeschaffener Kultur keine ‚bloße' Wiedergabe statt, vielmehr wirkt auch hier das Fernsehen wegen seiner großen Verbreitung als kulturprägender oder zumindest kulturmitprägender Faktor. So gilt beispielsweise eine Besprechung anspruchsvoller Literatur im überregionalen Fernsehen immer noch als eine besondere Auszeichnung, die im Regelfall höhere Verkaufszahlen nach sich zieht. Zahlreiche sogenannte „kulturelle Ereignisse" gelangen überhaupt erst über die Massenmedien ins Bewußtsein der breiten Öffentlichkeit und wekken ihr Interesse.

Als Kultur*faktor* im spezifischen Sinne fungiert das Fernsehen u. a. in folgenden Bereichen:

- in der Eigenproduktion von Fernsehspielen, historischen Filmen oder auch deutschen Familienserien;
- in der gestaltenden Umsetzung von Kultur, z. B. in Literaturverfilmungen und in theatralischen oder musikalischen Fernsehinszenierungen;
- durch die Förderung des Kinofilms, sei es durch Koproduk-

- tionen, sei es durch finanzielle Unterstützung im Rahmen des Film-/Fernsehabkommens;
- durch die Förderung insbesondere junger Künstler, etwa in musikalischen Nachwuchssendungen oder durch Vorstellung ihres Schaffens.

Darüber hinaus prägt das Massenkommunikationsmittel Fernsehen in nicht unerheblichem Maße unsere Sprachkultur.[6] Als Vermittler und Produzent von Kulturleistungen stellt das Fernsehen schließlich einen wichtigen Wirtschaftsfaktor dar. Einerseits tritt es als Auftraggeber für die Filmindustrie auf, andererseits trägt es wesentlich zum Verkauf von Kulturartikeln, wie z.B. Schallplatten, Büchern und Videos, bei.

Um diesen, wie die Beispiele belegen, weitgefächerten und umfassenden Kulturauftrag auch in Zukunft unter verschärften Wettbewerbsbedingungen durch die Zulassung privater, primär unterhaltungsorientierter Anbieter zu gewährleisten, hat der Gesetzgeber in seiner Neuordnung des Rundfunkstaatsvertrags sowohl der ARD als auch dem ZDF das Recht zu einem speziellen, das Hauptprogramm ergänzenden Kulturprogramm eingeräumt und sie zugleich darauf verpflichtet. Dieser Pflicht entspricht das ZDF mit seinem 3-Länder-Programm 3SAT. Dieses verzichtet vollständig auf Werbung, stellt die Kultur des deutschen Sprachraums in den Vordergrund und stützt sich weitgehend auf eigene Produktionen der beteiligten Rundfunkanstalten ZDF, ORF und SRG.

Insgesamt darf festgehalten werden – und dies belegen die programmlichen Tatsachen eindeutig[7] –, daß sich im ZDF sowohl nach Umfang als auch nach Qualität, als auch nach der Lokalisation der Sendezeiten ein breites und differenziertes Kulturangebot findet.

4. Die Kulturfunktion des Fernsehens am Beispiel der Medienpastoral

Stimmt man der These von Thomas Stearns Eliot zu, „daß Kultur und Religion, richtig verstanden, verschiedene Aspekte derselben Sache sind"[8], daß die Kultur eines Volkes nichts anderes als die „fleischgewordene Religion eines Volkes"[9] ist, dann ergibt sich eine besondere kulturelle Verantwortung des öffentlich-rechtlichen Fernsehens für die Verbreitung religiöser Werte.

Die Kirchen nehmen wegen ihrer spezifischen und umfassenden Aufgabe eine Sonderstellung innerhalb der Vielzahl gesellschaftlicher Gruppen und Interessensverbänden ein. Diese findet u. a. in § 6, Abs. 3 des ZDF-Staatsvertrags ihren Niederschlag, der den über das ganze Bundesgebiet verbreiteten Religionsgemeinschaften des öffentlichen Rechts einen Anspruch auf Sendezeit zur Übetragung gottesdienstlicher Handlungen und zur Verbreitung ihrer Überzeugungen einräumt.

Zwar bereitet es der Kirche – wie Helmut Hild herausgearbeitet hat – als „Kirche des Worts" Schwierigkeiten, „sich und ihren Ursprung als Kirche im Bild darzustellen"[10], dennoch kann sie nicht auf die Dienstleistungsfunktion des Massenkommunikationsinstruments Fernsehen verzichten, wenn sie auch solche erreichen will, die die öffentliche Teilnahme am Gemeindeleben scheuen. Mit ihrer Medienpastoral im öffentlich-rechtlichen Fernsehen vermitteln die Kirchen ihre Aufgaben und Werte regelmäßig auch Zuschauern, die nicht kirchlich gebunden sind.

Das ZDF zeigt jährlich weit über hundert Sendungen seiner Kirchenredaktionen (im Jahre 1986 insgesamt 163). Den Löwenanteil daran machen die sonntägliche Gottesdienstübertragung, die sich insbesondere auch als Dienst an alten und kranken Menschen versteht, und das ebenfalls wöchentlich ausgestrahlte Magazin „Kontext" aus, das seit Beginn dieses Jahres an die Stelle des „Tagebuchs" getreten ist und am Mittwochabend nach dem Heute-Journal seinen festen Platz hat. Dazu kommen zahlreiche Dokumentationen und Berichte, die das Verständnis für die internen Zusammenhänge der Kirche in der Welt erschließen und religiöse und humane Werte in der Auseinandersetzung mit den Gefahren der modernen wissenschaftlich-technischen Welt und nichtkirchlichen Überzeugungen vorführen.

Über die direkte Vermittlung kirchlicher Arbeit hinaus produzieren die Kirchenredaktionen eigene Fernsehspiele, die ausgewählte soziale Probleme thematisieren, wie z. B. die im Wohnungslosen- und Pennermilieu angesiedelte Spielserie „Münchner Freiheit", die beim Publikum großen Anklang fand. Gerade solche Fernsehspiele, die vom Zuschauer meist gar nicht als spezifisch kirchliche Sendungen identifiziert werden, zeigen, daß die Kirchen ihren Auftrag als einen gesamtkulturellen verstehen. Fernsehen bietet den Kirchen die Chance, neue Formen der Vermittlung ihrer Werte zu schaffen.

Trotz alledem darf nicht übersehen werden, daß die Medienpastoral die Teilnahme am religiösen Leben in der Gemeinde nicht ersetzen, sondern nur ergänzen kann. Öffentliches und persönliches Gespräch stehen hier in einem Komplementärverhältnis zueinander.

5. Ausblick auf zukünftige Entwicklungen

Man muß keine hellseherischen Fähigkeiten besitzen, um im Blick auf die Zukunft des Kulturprogramms eine Reihe von Gefahren erkennen zu können: Wie die bisherigen Erfahrungen aus den Kabelpilotprojekten zeigen, findet bei zusätzlicher Konkurrenz durch Unterhaltungsprogramme eine enorme Einbuße an Zuschauerzahlen statt. Bei einem zusätzlichen Kontrastprogramm halbiert sich teilweise die Einschaltquote, bei zwei Kontrastprogrammen sinkt sie sogar bis auf ein Viertel ab. Berücksichtigt man ferner, daß Kulturprogramme – insbesondere eigenproduzierte Fernsehspiele und Opernübertragungen – häufig sehr teuer sind, so ist zu erwarten, daß mit sinkenden Zuschauerzahlen vermehrt Stimmen laut werden, die die Unrentabilität solcher Programme anprangern und Sparmaßnahmen fordern. Indirekte Mittelkürzungen finden derzeit ohnedies schon durch den verschärften Konkurrenzkampf zwischen öffentlich-rechtlichen und privaten Anbietern um massenattraktive Programme statt, wie sich vor allem am sprunghaften Anstieg der Preise für Sportübertragungen dokumentieren läßt. Um nur ein besonders drastisches Beispiel herauszugreifen: ARD und ZDF boten im Jahre 1987 für die Übertragungsrechte der Internationalen US-Tennis-Meisterschaften in Flushing Meadow 175000 Dollar, SAT1 kaufte die Rechte, die drei Jahre zuvor noch 60000 Dollar kosteten, für 480000 Dollar[11]. Diese erhöhten Aufwendungen für Programme, die in der Publikumsgunst hoch angesiedelt sind, gehen natürlich letztlich zu Lasten der Programme, die weniger Zuschauerresonanz finden.

Ein Abbau der Unterhaltungssendungen im öffentlich-rechtlichen Fernsehen, wie ihn die Privaten fordern, würde auf lange Sicht die Gebührenbasis gefährden, denn welcher Fernsehteilnehmer möchte schon für ein Programm bezahlen, das er nicht oder nur sehr selten nutzt. Hinzu kommt, daß das Sehverhalten der Zuschauer bislang sich nicht immer auf einzelne, bewußt ausgewählte Sendungen beschränkt, sondern die Wahl einer bestimmten Sendung zusätzlich von der Akzeptanz des Gesamtprogramms einer Anstalt abhängt. Ein Verzicht auf massenattraktive Unterhaltungssendungen würde daher zu einem Imageverlust des Gesamtprogramms führen.

Um der Gefahr des radikalen Abbaus von Kulturprogrammen durch die zunehmende Unterhaltungskonkurrenz entgegenzuwirken, bedarf es einer noch stärkeren Programmprofilierung als bisher und der Aufbietung ergänzender, zielgruppen- und damit minderheitsorientierter Kulturprogramme wie 3SAT, das explizit auf Wahrung und Förderung insbesondere der höheren Kultur hinzielt. Bei der programmlichen Konzeption von Kulturprogrammen muß Qualitätskriterien ein eindeutiger Vorrang vor Einschaltquoten und Rentabilitätsgesichtspunkten eingeräumt werden. Grundsätzlich gilt, daß Kulturprogramme nicht oder zumindest weitaus weniger als Unterhaltungsprogramme an Zuschauerzahlen gemessen werden dürfen, denn höhere Einschaltquoten gehen in der Regel eher mit einem niedrigeren Qualitätsniveau zusammen. Die

Bewahrung und Förderung der Kultur im engeren Sinne gehört wesentlich mit zum umfassenden kulturellen Auftrag des öffentlich-rechtlichen Rundfunks. Allein schon aufgrund der Tatsache, daß Fernsehen kulturprägend wirkt, benötigt es eine Ausrichtung an idealen Werten. Auch ist Fernsehen kein ethikfreier Bereich und daher verantwortlich für die von ihm verursachten Folgen. Gerade die Kirchen haben sich nie gescheut, das wenig attraktive Wächteramt für den Schutz moralischer Grundwerte und die damit verbundene Rolle der Programmkritik zu übernehmen, und zwar nicht nur für die Sendungen der kirchlichen Redaktionen, sondern für das Gesamtprogramm.

Es soll nicht verschwiegen werden, daß auch die privaten Programmanbieter sich bemühen, kulturelle Sendungen in ihr Programm einzubauen. Jedoch haben die bisherigen Erfahrungen gezeigt, daß die konstitutionelle Angewiesenheit solcher Programme auf möglichst hohe Einschaltquoten diesen Bemühungen sehr enge Grenzen setzt. Paradigmatisch dafür sei nur auf die relativ schnelle Einstellung der Literaturmagazine sowohl bei RTLplus als auch bei SAT1 nach jeweils nur wenigen Monaten verwiesen.

Kirchen und öffentlich-rechtlicher Rundfunk ziehen – was die Wahrung und Förderung eines niveauvollen Kulturprogramms angeht – an einem Strang. Bischof Dr. Georg Moser hat in seiner Eigenschaft als Vorsitzender der Publizistischen Kommission der Deutschen Bischofskonferenz immer wieder die Förderung und Verbesserung sozialer Kommunikation, das Eintreten für die moralischen Grundwerte und den Dienst am Menschen als obersten Maßstab für die Beurteilung der Fernseharbeit betont und damit den umfassenden kulturellen Auftrag des Fernsehens als gesamtgesellschaftlichen Dienstleistungsbetrieb unterstrichen[12]. Auch gelte es, da Fernsehen kein ethikfreier Bereich sei, kritisches, waches, konstruktives Bewußtsein zu fördern und es nicht durch glitzernden Schein zu betäuben.

Künftig wird – angesichts der Tendenz zum „Unterhaltungsslalom" und der schwieriger werdenden Finanzsituation – die gegenseitige Unterstützung von Kirche und öffentlich-rechtlichem Fernsehen im Interesse beider Seiten noch wichtiger als bisher. Als ein möglicher Schritt ist das kürzlich von kirchlicher Seite unterbreitete Angebot zu einer verstärkten Zusammenarbeit der Erwachsenenbildung mit den kirchlichen Redaktionen zu begrüßen. Eine solche Kooperation brächte für das Fernsehen den Vorteil einer besseren Werbung für kirchliche und kulturelle Programme durch die kirchlichen Publikationsorgane und damit wahrscheinlich auch einen erhöhten Zuschauerzuspruch mit sich, für die Kirchen die Möglichkeit einer Beratung bei der Themenauswahl sowie einer vermehrten Nutzung von Filmkopien für die Arbeit in der Erwachsenenbildung.

Über der gegenwärtigen Kontroverse zwischen öffentlich-rechtlichen und privaten Anbietern über Programmstrukturen, Finanzierungsfragen und faire Wettbewerbsbedingungen, sollte folgendes Diktum von Bischof Moser nicht vergessen werden: „Wer die Bedingungen von Kommunikation ändert, muß wissen, daß er damit Hand anlegt an die Bedingungen einer Gesellschaft überhaupt, daß er die Bedingungen des Menschseins berührt."[13] Grundbedingung eines Fernsehens um des Menschen willen, gemäß der Maxime „für alles, was das Leben fördert, gegen alles, was es verstellt"[14], ist die Sicherstellung eines umfassenden Kulturauftrags des Fernsehens. Zu den vordringlichsten Aufgaben eines Fernsehens im Dienste des Menschen gehören ferner ein zügiges Vorantreiben der *Medienwirkungsforschung,* die über eine bloß demoskopisch gerichtete Erfassung von Zuschauerzahlen hinausgeht, die Erarbeitung einer *Medienpädagogik,* die insbesondere Eltern mit ihren Kindern zum bewußten und maßvollen Umgang mit dem Medium Fernsehen anleitet, und die Ausbildung einer *Medienethik.*

Anmerkungen

[1] Vgl. zu dieser Unterscheidung *Reinhart Maurer,* Handeln und Machen. Zum Begriff der Kultur, in: ders., Revolution und ‚Kehre'. Studien zum Problem gesellschaftlicher Naturbeherrschung, Frankfurt a.M. 1975, S. 111–125.

[2] Zitiert nach Peter Seiberts Artikel „Kulturmagazine", in: Helmut Kreuzer (Hrsg.), Sachwörterbuch des Fernsehens, Göttingen 1982, S. 128.

[3] Vgl. Albert Schweitzer, Kultur und Ethik. Sonderausgabe mit Einschluß von Verfall und Wiederaufbau der Kultur, 73. Tsd., München 1981, insb. S. 34ff.

[4] Michael Landmann, Der Mensch als Schöpfer und Geschöpf der Kultur, Basel 1961, S. 193ff.

[5] Vgl. meinen gleichnamigen Aufsatz in: Die Zeit, Nr. 31, 27. Juli 1984.

[6] Vgl. meinen Vortrag anläßlich der Verleihung des Medienpreises für Sprachkultur 1987 an Jürgen Haller: Die Verantwortung der Medien für die Sprachkultur, in: Der Sprachdienst, 31. Jg., H. 3, 1987, S. 73–76.

[7] Vgl. dazu meinen Aufsatz: Kein Gut wie Brot und Seife, in: Die Neue Ordnung, H. 6, Dez. 1987, S. 470–476.

[8] Vgl. Thomas Stearns Eliot, Zum Begriff der Kultur. Aus dem Engl. von Gerhard Hensel, Reinbek 1961, S. 31.

[9] Ebd. S. 30, 36.

[10] Vgl. Helmut Hild, Zur Problematik religiöser Sendungen im Fernsehen, in: Fernsehen – Ein Medium sieht sich selbst, hrsg. von Werner Brüssau, Dieter Stolte und Richard Wisser, Mainz 1976, S. 353.

[11] Quelle: TZ, München, 23.2.1988.

[12] Vgl. Grundpositionen einer kirchlichen Medienpolitik, in: Funk-Korrespondenz, Nr. 43, 26. Okt. 1984, S. 4–6, und Positionen und Perspektiven. Bischof Moser zur Programmatik kirchlicher Medienarbeit, in: Funk-Korrespondenz, Nr. 6, 8. Febr. 1985, S. 1–4.

[13] Positionen und Perspektiven. Bischof Moser zur Programmatik kirchlicher Medienarbeit, in: Funk-Korrespondenz, Nr. 6, 8. Febr. 1985, S. 2.

[14] Ebd. S. 3.

Albert Scharf

Kommunikationsordnung für Europa

Probleme und Zielvorstellungen

Die Kommunikationslandschaft Europa ist in hektische Bewegung geraten. In fast allen europäischen Ländern verändern sich die seit Jahrzehnten gewachsenen Medienstrukturen. Insbesondere auf dem Gebiete des Rundfunks sind allenthalben neue Organisationsformen zu beobachten. Neue Veranstalter, neue Programme entstehen über Nacht. Waren es über viele Jahre hinweg ein, zwei, drei Fernsehkanäle, drei, vier Hörfunkprogramme, die dem nationalen Publikum jeweils angeboten wurden, sind es heute im Fernsehen fünf oder sechs, und das Radio offeriert oft schon eine Auswahl unter acht bis zehn verschiedenen Programmen gleicher Sprache und inländischen Ursprungs. Dazu kommen Programme aus dem Ausland, die in den Wettbewerb um den Zuhörer und Zuschauer eintreten, Programme, die immer öfter geradezu für den grenzüberschreitenden Verkehr bestimmt und gemacht sind und eine neue Internationalität des Rundfunks bewirken. Verteilsatelliten und Kabel machen all dies möglich; ihre Entwicklung hat in den letzten zehn, fünf Jahren den Programm-Boom zuwege gebracht. Direktempfangbare Rundfunksatelliten werden in den nächsten Jahren die Zahl solcher auf einen Schlag in halb oder ganz Europa empfangbarer neuer Programme noch weiter ansteigen lassen; allein die beiden Prototypen dieser Satellitengeneration aus Deutschland und Frankreich (TV-Sat und TDF) bieten zusammen bis zu zehn Fernsehkanäle, ein luxemburgisches Projekt (Astra) mit – im Ergebnis – ähnlichem Direktzugang für jedermann kann 16 Fernsehkanäle zur Verfügung stellen. Andere, schon konkret geplante Satellitenvorhaben werden in den nächsten fünf Jahren die Transportwege, auch für Rundfunkprogramme, noch vervielfachen.

Auch wenn absehbar ist, daß nicht alle diese technisch möglichen Kanäle neue Programme initiieren, sondern teilweise auch mit schon vorhandenen Programmen belegt werden, entsteht doch durch die stark vergrößerte Reichweite solcher „Sender" eine neue Dimension der Rundfunkverbreitung und für die häuslichen Empfangsgeräte eine neue Fülle des Angebots. Außerdem wird es mindestens vielfache Versuche geben, auch neue und neuartige Programme zu etablieren und auf dem Markt der Zuhörer und Zuschauer durchzusetzen, auf einem Markt, der sich durch nationale Grenzen und nationale Rücksichten nicht mehr bestimmen und eingrenzen läßt. Bisher sorgte die internationale Ordnung des Fernmeldewesens für eine im wesentlichen auf das nationale Territorium beschränkte Rundfunkversorgung, da anders eine störungsfreie Nutzung der relativ wenigen Frequenzen des Funkspektrums für Hörfunk und Fernsehen in benachbarten Ländern nicht gewährleistet gewesen wäre. Die Breitbandkabeltechnik in Verbindung mit Richtfunk und Verteilsatelliten hat die Anbietbarkeit von Rundfunkprogrammen von solchen Störfaktoren unabhängig werden lassen. Für den Rundfunk neu erschlossene Frequenzbereiche taten ein übriges, um die grenzüberschreitende Verbreitung von Rundfunk anzuregen. Gleichzeitig eröffneten zusätzlich für den Rundfunk freigegebene Sendefrequenzen die Möglichkeiten, lokalen Rundfunk, vor allem Hörfunk, in erheblichem Ausmaß einzuführen. Innerhalb weniger Jahre schüttete die Technik ein reichhaltiges Füllhorn zur Verbreitung von Rundfunkprogrammen über Europa aus. Etliche meinten schon frühzeitig, daß dieses Füllhorn eher der Büchse der Pandora ähnelt. Und selbst manche Politiker zierten medienpolitische Festreden gerne mit dem weisen Besinnungssatz, daß der Mensch gut daran täte, nicht alles zu machen, was machbar ist. Letztendlich bestätigte sich nur die Erfahrung, daß der Mensch noch nie ein Spielzeug, das man ihm an die Hand gab, nicht doch benutzte. Als der Verfasser vor vielen Jahren, ganz zu Beginn dieses medientechnischen

Aufbruchs, angesichts zahlreicher Expertenkommissionen zur Untersuchung der aufkommenden technischen und medienpolitischen Entwicklungen, einmal öffentlich die Frage stellte, wo denn unter all den Experten der Philosoph sei, der prüfe, ob dies denn alles gut sei, gut für den Menschen und die Humanität der Gesellschaft, bekam ihm schon die Vorwitzigkeit dieser Frage gar nicht gut. Flugs war man in eine Reihe gestellt mit jenen, denen die erste Eisenbahn als Werk des Teufels und ob ihrer rasenden Geschwindigkeit als gesundheitsgefährlich erschien. War man gar vom Fach, wurde einem unterstellt, man fürchte nur Konkurrenz und wolle alte Monopole erhalten, gleich jenem Handschriftenschreiber, der den Buchdruck als geschäftsschädigend fürchtete. Daß jemand gerade aus praktischer Erfahrung und Einsicht, fern aller beruflichen Betroffenheit, sich verpflichtet fühlen könnte, aus gesellschaftlicher Verantwortung zur Vor-Sicht und Vor-Sorge zu mahnen, ging vor allem jenen nicht ein, denen solche Kategorien eher fremd sind. Ein weiteres Mal glaubten viele, ein Fortschritt der Technik sei stets auch ein solcher des Menschen und der Gesellschaft. Auch wurde versucht, der Entwicklung gesellschaftspolitische Vorzüge abzugewinnen. Würde nicht aus einer größeren Vielzahl der Programme auch größere Vielfalt erwachsen, ein breiteres Spektrum der Auswahl, eine dringend gebotene gegenseitige Relativierung und Balance der Inhalte, alles in allem mehr Freiheit also? Im grundsätzlichen Ansatz ist ein solches Theorem auch nicht zu bestreiten. Skepsis ist indes geboten, wenn man dieses Ziel mit rein marktwirtschaftlichen Mitteln zu erreichen sucht, wenn man die Reichhaltigkeit technischer Mittel zur Grundlage der Annahme macht, diese Vielfalt resultiere auf einem freien Markt in einer entsprechenden Vielfalt, nicht nur Vielzahl, der Angebote. Da erweist sich rasch, daß Rundfunk eben keine Ware wie jede andere ist. Für den Rundfunk gelten andere Produktions- und Erfolgsbedingungen als für Autos, Kühlschränke und Waschmaschinen. Rundfunk ist in erster Linie ein kulturelles Phänomen, ein Bestandteil der Kultur einer Gesellschaft, und in seinen Inhalten ebenso vielfältig wie diese. Rundfunk dient der Kultur einer

Gesellschaft, zu der auch eine offene, redliche, umfassende, vertrauenswürdige Information gehört. Rundfunk ist aber auch abhängig von der Kultur der ihn umgebenden Gesellschaft, von ihren Ressourcen und ihrem kreativen Potential. Die Zahl der Transportwege für Rundfunk besagt nichts für die reale Möglichkeit, diese Kanäle auch angemessen und akzeptabel mit Inhalt zu füllen.

Gewiß, man kann Rundfunk auch zur Ware machen und dem Markt ausliefern. Man wird dann aber bald feststellen, daß es nur einige wenige Rezepte gibt, Rundfunk als Ware auf dem Markt durchzusetzen und aus dem Markt, d.h. aus den Vorlieben des Massenpublikums zu finanzieren. Vieles von dem, was Rundfunk zum Medium und Faktor von Kultur macht, bleibt dabei auf der Strecke, weil es dafür – wie auch sonst in der Kultur – keine Massen oder auch nur zu angemessener Finanzierung hinreichende Mehrheiten gibt. Gleichwohl fehlte etwas für das kulturelle Profil und die Zukunft einer Gesellschaft, die auch Kulturgemeinschaft sein will. Wo immer Rundfunk als Ware oder Dienstleistung einem freien Markt überlassen wurde, entstand nicht Vielfalt, sondern Einfalt, eine breite Einförmigkeit der Inhalte, die sich nicht mehr nach Sujet und kulturellem Anspruch, sondern nur noch nach Machart und Präsentation unterschieden. Unterhaltung, Sport, Leichtes, Gefälliges; Nachrichten, aber kurz, unterhaltsam; Sport, soweit er Großes, Sensationelles bietet – was sonst?

Immerhin gab und gibt es überall in Europa gewichtige Stimmen, die einer solchen Entwicklung entgegentraten. Die neueren Mediengesetze der deutschen Bundesländer und der kürzlich in Kraft getretene Rundfunk-Staatsvertrag fordern auch für die neuen, kommerziellen Programmangebote einen Mindeststandard informativer und kultureller Inhalte. In Frankreich wurde ein solcher Mindeststandard in „Pflichtenheften" für die privatisierten Programmveranstalter festgelegt. Gerade dort ist nach etwa Jahresfrist aber schon Kritik aufgekommen, daß die Realität die sorgsam auferlegten Pflichtquoten an eigenständigem und qualifiziertem Programm verdrängt habe, weil – wie die Anbieter sagen – dies wirtschaftlich nicht erfüllbar gewesen sei. Kultureller Anspruch und gewinnorientierte Ökonomie sind eben offenbar nicht zusammenzubringen. Gewiß wird man füglich Anlaufzeiten einräumen müssen. Aber der Zweifel bleibt nach aller Erfahrung erlaubt, ob ein kommerzielles System, zumal wenn es in sich in heftigem, existentiellem Wettbewerb steht, je jenem kulturellem Anspruch genügen kann, der dem Rundfunk in der europäischen Tradition abverlangt wird. Diese, zumindest, mit Zweifel beladene Divergenz stellt sich in allen europäischen Ländern, in denen sich das Rundfunkwesen ähnlich wie in der Bundesrepublik Deutschland „dual" entwickelt, und dies sind, auf nähere Sicht, fast alle in unserer mitteleuropäischen Nachbarschaft.

Gleichzeitig überschreiten solche Divergenzen angesichts der erwähnten technischen Möglichkeiten die nationalen Grenzen und wirken auf andere Länder und deren Medienstrukturen unmittelbar ein. Nationale Inseln medienpolitischer Seligkeit und Unberührtheit gibt es nicht mehr.

Es lag nahe, dieser Entwicklung durch eine supranationale Ordnung, wenn schon nicht vorzubeugen, so doch Rechnung zu tragen. Bezeichnend ist, daß der erste Versuch von der EG ausging, d. h. der Europäischen Wirtschaftsgemeinschaft, die mit einem Grünbuch über grenzüberschreitendes Fernsehen die Diskussion über eine europäische Rahmenordnung des Fernsehens eröffnete. Die EG sieht im Rundfunk eine „Dienstleistung" im Sinne der Römischen Verträge, für die im Rahmen des EG-Binnenmarktes ein marktwirtschaftlich freies gemeinschaftseinheitliches Regelwerk geschaffen werden soll. Eine Direktive der EG soll die Mitgliedsländer verpflichten, ihre Rundfunkgesetze nach Maßgabe eines gemeinsamen Standards zu harmonisieren, d. h. insoweit zu vereinheitlichen. Es ist unverkennbar, daß – und wie sollte es in einer „Wirtschaftsgemeinschaft" auch anders sein – im Vordergrund solcher Überlegungen zunächst wirtschaftspolitische Ziele stehen. Den Rundfunk zu „liberalisieren" bedeutet danach primär die Schaffung eines gemeinsamen, durchlässigen Marktes nach marktwirtschaftlichen Prinzipien, bedeutet den Abbau nationaler Besonderheiten und Individualitäten, wie sie in Europa nicht zuletzt mit Rücksicht auf nationale kulturelle und medienpolitische Verschiedenheiten seit jeher üblich waren, unbeschadet vieler Gemeinsamkeiten der Organisation und der Zielsetzung des Rundfunks. Die rege Diskussion um Grünbuch und Direktive der EG, nicht zuletzt im Europäischen Parlament, haben freilich auch die EG-Kommission davon überzeugt, daß es mit Liberalisierung des Zugangs und Empfangs und mit einer großzügigen Regelung von Werbezeiten u. ä. nicht getan ist. Standards für Jugendschutz, gegen Unterbrechungswerbung, gegen Pornographie und Gewaltdarstellungen, usw. sind dazugekommen. Und selbst das Argument, ein freier Markt würde zwangsläufig zu einem Verlust an europäischer Identität der Programme führen, soll durch eine Quoten-Regelung aufgefangen werden, die alle Rundfunkveranstalter verpflichtet, im Laufe von drei Jahren 60% ihrer Sendezeit (mit Ausnahme von Nachrichten, Sport, Spielshows, Werbung und Teletext) der Sendung von Werken aus EG-Ländern zu widmen, wobei mindestens ein Drittel Erstausstrahlungen sein sollen. Mindestens 5%, nach drei Jahren 10%, des Programmbudgets sollen Werken aus EG-Ländern vorbehalten sein; ein angemessener Teil soll nicht älter als fünf Jahre sein. Koproduktionen, die von Beteiligten aus EFTA- oder Europaratsmitgliedsländern stammen, können unter bestimmten Voraussetzungen auf diese Quoten angerechnet werden.

Ob diese Regelungsvorschläge kulturpolitischer Verantwortung entsprungen sind oder ihre Legitimation in der Wirtschaftsförderung finden, sei dahingestellt. Freilich mußte sich die Kommission den Vorwurf gefallen lassen, daß solche Quoten hoheitliche Eingriffe in die programmliche Unabhängigkeit der Rundfunkveranstalter darstellen und außerdem zu wenig Rücksicht auf die kreativen und wirtschaftlichen Möglichkeiten zumal in kleineren Ländern nehmen, deren kulturelle Identität nicht unbedingt durch eine Abhängigkeit von pan-europäischen Produktionen großer, potenter Lieferanten aus anderen EG-Ländern gefördert wird. Eher ist eine Austrocknung der Programmproduktivität in solchen kleineren Ländern und nationalen Kulturgemeinschaften zu besorgen.

Andererseits erscheint eine allgemeine Verpflichtung, Eigenständiges, Originales zu bieten, in der Tat ein Gebot der Stunde, da sonst befürchtet werden muß, daß allzu viel internationale Billigware die so nachhaltig vergrößerte Zahl von Programmen in und aus europäischen Ländern füllt. Die wirtschaftlichste Weise, die Kanäle zu belegen, ist, längst amortisierte Filme und Serien auf dem Weltmarkt zu kaufen und ein weiteres Mal abzuspielen, jene Durchschnittsware, die von Los Angeles bis Singapur auf allen Bildschirmen der Welt zu finden ist und von jener Kultur, der sich Europa in all ihrer Vielgestaltigkeit und Buntheit eigentlich rühmen könnte, wenig bis nichts verspüren läßt.

Parallel zu den Absichten der Kommission der Europäischen Gemeinschaften unternimmt gegenwärtig auch der Europarat intensive Anstrengungen, eine Europäische Konvention zur Regelung grenzüberschreitenden Rundfunks zu erarbeiten. Die zeitliche und inhaltliche Konkurrenz ist unverkennbar. Sie gewinnt ihre besondere Bedeutung auch aus der Tatsache, daß die Kompetenz der EG, Regelungen für den Rundfunk zu erlassen, mit guten Gründen bestritten ist. Gerade, wenn man durch solche Regelungen den Rundfunk als Kulturgut sichern will, erscheinen die Möglichkeiten einer Wirtschaftsgemeinschaft nicht als der richtige Ansatz. Der Europarat hat sich stets in besonderer Weise dem kulturellen Erbe und der kulturellen Entwicklung Europas verpflichtet gefühlt. Auf dem Gebiet des Rundfunks hat er in den letzten 30 Jahren auch bereits mannigfache Initiativen entwickelt und Konventionen, z. B. über den Schutz von Fernsehsendungen und gegen Radiopiraterie, zustande gebracht. Auf zwei die jetzigen Konventionsarbeiten bestimmenden Ministerkonferenzen ist folgerichtig auch die kulturelle Zielbestimmung des Rundfunks besonders betont worden. Gleichwohl will man in dieser Konvention von starren Quotenregelungen Abstand nehmen und den beteiligten Staaten im Rahmen nationaler Regelungen einen auf die jeweiligen nationalen Ressourcen und Kommunikationsbedürfnisse abgestellten vernünftigen Freiraum im Rahmen einer allgemeinen Zielbestimmung eines angemessenen Anteils von europäisch-stämmigen Eigenproduktionen lassen. Hinsichtlich der vorgesehenen Regelungen für Werbung, ihre Dauer und Placierung für Jugendschutz usw., dürfte es zu einer weitgehenden Übereinstimmung der Vorstellungen von EG und Europarat kommen. Dies ist um so wünschenswerter, je mehr die Wahrscheinlichkeit besteht, daß es womöglich am Ende zu zwei Rechtsinstrumenten zum selben Gegenstand kommt.

Eine Konvention des Europarats hätte überdies den Vorteil, mindestens dessen 21 Mitgliedsstaaten (sowie zusätzlich Finnland und den Heiligen Stuhl) zu binden und nicht nur die zwölf Mitglieder der EG. Das Europa des Rundfunks ist weiter gespannt als das der EG. Die seit Jahrzehnten täglich praktizierte Zusammenarbeit des Rundfunks im Rahmen der Union Européenne de Radiodiffusion (UER) umfaßt alle nationalen Rundfunkveranstalter aus 34 Ländern. Wenn es schon, was an sich zu begrüßen ist, zu einer europäischen Rahmenordnung für einige Elemente der Programmgestaltung kommt, sollte deren Reichweite so groß wie möglich sein. Ein solcher Rahmen, der die Schweiz, Österreich und drei skandinavische Staaten nicht umschließt, wäre unvollkommen und realitätsfern. Die Beteiligung möglichst vieler Länder ist nur scheinbar schwieriger als eine Harmonisierung der Zwölf. Grundsätzliche medienpolitische Ansätze finden sich ohnehin am ehesten zwischen Ländern, die auch der EG angehören, während kulturell wichtige Aspekte vor allem von kleineren Ländern eingebracht werden, deren Selbstverständnis und kulturelle Integrität indes für das geschichtlich-kulturelle Europa von wesentlicher Bedeutung sind. Sie bringen gerade jene Elemente ein, ohne die Europa als Kulturbegriff nicht denkbar ist.

Europäische kulturelle Identität lebt aus der Vielgestaltigkeit und Unterschiedlichkeit nationaler Entwicklungen und Traditionen. Nichts wäre verkehrter, als im Zeichen rational angelegter Integrationsbemühungen solche geschichtlichen, sprachlichen, sozialen Eigenständigkeiten schematisch einebnen zu wollen. Ein Verlust an Substanz wäre die Folge. Wer die kulturelle Eigenart Europas bewahren will, muß im Gegenteil die Leistungsfähigkeit solcher Eigenständigkeiten fördern und darf sie nicht der letztlich gleichmacherischen Potenz multinationaler Dominanzen ausliefern, die mittels ihrer wirtschaftlichen Macht – gewollt oder ungewollt – auch ihre je subjektiven, individuelle kulturelle Bezogenheit oktroyieren.

Von Charles de Gaulle ist der Satz überliefert, daß, wenn man an Europa denke, drei Namen in den Sinn kämen: Dante, Chateaubriand und Goethe. Daß er Shakespeare nicht erwähnte, mag seinen Grund gehabt haben. Ein Engländer hätte ihn nicht vergessen; ein Italiener, Grieche, Portugiese, Spanier, Schwede hätte sich vermutlich noch einiger anderer Zeugen für Europas Erbe erinnert. Europäische Kultur kann nicht exklusiv und zentral definiert und gefördert werden. Europäische Kommunikationspolitik geht in die Irre, wenn sie dies nicht berücksichtigt. Sie muß Raum und Kraft geben für unabhängige Selbständigkeit, die sich nur dann auch zu kooperativer Gemeinschaftlichkeit auf der Ebene gleichwertiger Partnerschaft versammeln kann. Dies allerdings ist eine unersetzliche Bedingung für die mediale Selbstbehauptung der europäischen Länder und Gesellschaften, die es intensiv und vordringlich weiterzuentwickeln gilt. So können die Kommunikationsmedien zu einem wirksamen Instrument einer europagemäßen geistigen und schließlich politischen Integration werden, die das gemeinsame Bewußtsein Europas, seiner Fülle, seines Reichtums wie seiner Probleme, voraussetzt. Die Medien können, müssen Europa als Idee und Wirklichkeit vermitteln. Ihre Ordnung muß diesem Ziel dienen und nicht einer vordergründigen Gleichmacherei. Eine bloße administrative Harmonisierung von Rechtsvorschriften wäre zu wenig, wenn sie nicht getragen wäre von dem politischen Willen, die kulturelle Fülle eines weiten Europas zu erhalten und zu entwickeln.

Dietrich Schwarzkopf

Journalisten-Ethos

Zum Selbstverständnis der Medienmitarbeiter in einer pluralistischen Gesellschaft

„Für den Journalisten gibt es kein spezifisches Berufsbild, kein kodifiziertes Berufsethos und kein Äquivalent für den hippokratischen Eid. Es gibt also keinerlei moralisches Geländer, an dem er sich entlanghangeln kann, wenn er sich unsicher fühlt." Dies schrieb Marion Gräfin Dönhoff in der „Zeit" vom 23. Oktober 1987 in einer Betrachtung über die Rolle der Medien im Verfassungsstaat aus Anlaß des Barschel-Skandals.

Selbst wenn Journalisten vergeblich nach einem moralischen Geländer tasten sollten, ganz ohne Geländer müssen sie sich nicht bewegen, ein juristisches Geländer existiert. Aus den presse- und rundfunkrechtlichen Vorschriften, aus dem Strafgesetzbuch und aus der Rechtsprechung ergibt sich ein Netz von Verhaltensregeln, von Geboten und Verboten, die den Bewegungsraum der Journalisten abstecken. Zu fragen ist indessen nach dem Selbstverständnis, mit dem sich die Journalisten innerhalb des vom Recht abgesteckten Raumes bewegen, nach dem Selbstverständnis, aus dem heraus die einen immer wieder versuchen, die Grenzen auszudehnen, während andere schon beim Erreichen des Grenzgebietes zurückschrecken.

Zu unterscheiden ist zwischen dem tatsächlichen und dem gebotenen Selbstverständnis. Dieser Beitrag wird vom gebotenen Selbstverständnis sprechen und dabei darauf eingehen, wie weit es sich mit dem tatsächlichen deckt.

Die Vorstellungen vom gebotenen journalistischen Selbstverständnis haben im Laufe der Zeiten gewechselt. Unter der nationalsozialistischen Herrschaft gab es praktisch kein journalistisches Selbstverständnis. Journalismus diente dem Transport von Parteiparolen, der Verherrlichung oder Verharmlosung der herrschenden Zustände.

Die Umstellung auf ein Selbstverständnis des Journalismus, das stark von klassischen angelsächsischen Vorstellungen geprägt war, ist eine der wichtigsten und am nachhaltigsten wirksamen Leistungen der re-education. Journalismus dient nunmehr der Information des mündigen Bürgers, der sich auf Sachlichkeit und Fairneß der Journalisten verlassen soll. Die Trennung von Nachricht und Kommentar ist eines der hauptsächlichen Elemente dieses Selbstverständnisses. Jörg Aufermann stellte in einem Aufsatz aus dem Jahre 1977 fest, „daß die journalistische Berufsnorm der Trennung von Nachricht und Meinung inzwischen allgemein akzeptiert ist – zumindest in einer publizistischen und journalistischen Berufsethik, die liberal-demokratischen Grundsätzen verpflichtet ist".

Inzwischen war im Zusammenhang mit der Studentenbewegung und der außerparlamentarischen Opposition ein journalistisches Selbstverständnis aufgekommen, das den Journalismus als Instrument zur gesellschaftlichen Veränderung begriff. Die Trennung von Nachricht und Kommentar wurde als überholt, gar als heuchlerisch angesehen, da auch schon die Nachrichtenauswahl in jedem Fall nach dem politischen Standort des Auswählenden geschehe. Objektivität galt aus dieser Sicht als eine Tarnformel der Herrschenden. Dies war die große Zeit der Vorherrschaft der Meinung über die Information.

Ein solches Selbstverständnis konnte zum Teil an herkömmliche kontinentaleuropäische Vorstellungen von Journalismus anknüpfen, denen die Trennung von Nachricht und Kommentar fremd war, aber auch manche neueren angelsächsischen Vorstellungen hielten eine Aufhebung der Trennung von News und Current Affairs für ehrlicher.

Die Überhitzungen jener Zeit sind inzwischen abgekühlt. Das klassische angelsächsische Journalismus-Verständnis hat seine Gültigkeit in der Bundesrepublik Deutschland weithin wiedererlangt. Auf die Frage „Wohin zeigt der Kompaß der Journalisten?" antwortet Marion Gräfin Dönhoff in dem zitierten „Zeit"-Artikel: „auf präzise Recherchen, Erforschung der Tatsachen, Gewissensprüfung und das Gemeinwohl". Zur Definition des Gemeinwohls verweist Gräfin Dönhoff auf Walter Lippmann, der unter „public interest" das versteht, was Menschen wählen würden, wenn sie klarsichtiger wären, vernunftgemäß dächten und unegoistisch, wohlmeinend handelten.

Ein journalistisches Selbstverständnis, das klar orientiert ist am Vorrang der Information, das sich durch Sachlichkeit, Zuverlässigkeit und Fairneß auszeichnet, durch die Trennung von Nachricht und Kommentar und durch eine größtmögliche Annäherung an die Objektivität in der Darstellung von Sachverhalten, ist zugleich dasjenige Selbstverständnis, das dem Journalismus in einer pluralistischen Demokratie am ehesten gerecht wird. Diese These bedeutet eine Absage an die Vorstellung, daß innerhalb der vom Recht gezogenen Grenzen und mit dem ständigen Versuch, sie zu erweitern, ein ungehemmter publizistischer Kampf mit allen Mitteln stattzufinden habe, die nicht ausdrücklich rechtlich verboten sind.

Das hier skizzierte Selbstverständnis des Journalismus in einer pluralistischen Demokratie geht davon aus, daß sich der Bürger erst dann frei eine eigene Meinung bilden kann, wenn er sachlich und umfassend informiert ist und bei der Information über Tatsachen nicht deren manipulative Aufbereitung befürchten muß. Der Bereich der Tatsachenvermittlung wird damit zu einer meinungsfreien Zone. Die journalistische Meinung, dann allerdings in möglichst großer Breite und Vielfalt, entfaltet sich erst auf dieser allseits zu respektierenden Basis.

Damit ist die Frage nach der Rolle der Objektivität im journalistischen Selbstverständnis gestellt. Journalistische Objektivität hat eine sachbezogene und eine personenbezogene Komponente. Im Bereich des Sachbezuges bedeutet Objektivität die ausreichend vollständige Wiedergabe relevanter Tatsachen (Verbot der Tatsachen-Unterdrückung), im Bereich des Personenbezuges bedeutet Objektivität die unvoreingenommene Wiedergabe relevanter Tatsachen ohne die Absicht, dadurch irgend jemandem zu nutzen oder zu schaden (Verbot der Tatsachen-Verfälschung, Verbot der Gefälligkeitswiedergabe von Tatsachen). Diese Definition der Objektivität macht klar, daß sich Objektivität auf die Tatsachen-Wiedergabe bezieht und beschränkt: Meinungen sind von Natur aus nicht objektiv, sondern subjektiv. Allerdings muß auch in Meinungsbeiträgen die Tatsachen-Wiedergabe objektiv sein; ihr folgt und auf sie stützt sich das subjektive Urteil (des Autors und des Lesers, des Zuhörers oder Zuschauers).

Objektivität ist keineswegs frei von subjektiven Faktoren. Ob eine Tatsache relevant ist, das heißt für die Wiedergabe in Frage kommt, ob ihr Neuigkeitswert und ihr Öffentlichkeitswert zu bejahen sind, unterliegt subjektiver Entscheidung der Entscheidungsbefugten. Ob die Wiedergabe ausreichend vollständig ist für die Urteilsbildung der Zuschauer, das ist ebenfalls Sache subjektiver Wertung.

Die subjektive Entscheidung bedarf deshalb der Bindung an berufsethische Wertvorstellungen, die sich ihrerseits am Recht des Bürgers auf Information und an seinem Bedürfnis nach Information orientieren. Durch diese berufsethischen Wertvorstellungen – wenngleich nicht allein durch sie – wird journalistische Betätigung an demokratische Wertvorstellungen gebunden, die solche unseres Grundgesetzes und unserer Grundordnung sind. Auch das berufsethische Prinzip der Fairneß orientiert sich an und dient dem demokratischen Prinzip des Rechts des Bürgers auf umfassende – das kann in der Praxis nur heißen: für die eigene freie Urteilsbildung ausreichend vollständige – suggestionsfreie Information.

Unvermeidbare Subjektivismen bei der Anwendung der Objektivität müssen deshalb nach bestem journalistischem Wissen und Gewissen der Annäherung an eine möglichst weitgehende Objektivität unterworfen werden. Bei der Tatsachen-Wiedergabe ist journalistische Subjektivität durch das Objektivitätsgebot gezügelt, während sie im Meinungsbereich legitimerweise aktiviert wird – allerdings unter Respektierung des Gebotes der Meinungsvielfalt. Der mit der Tatsachen-Wiedergabe befaßte Journalist muß deshalb bei dieser Aufgabe unparteilich sein; legitime Parteilichkeit beschränkt sich auf den

Meinungsbereich. Es ist keineswegs zuviel verlangt, daß ein Journalist, der einen Meinungsbeitrag produziert, in dessen Tatsachenteil objektiv bleibt und Partei erst ergreift, wenn er sein persönliches Urteil zu der vorgetragenen Tatsachendarstellung abgibt.

Absolute Objektivität bei der Tatsachenwiedergabe ist unmöglich, weil jede Wiedergabe eine Verkürzung, Veränderung, eine Auswahl, ein Betrachten unter einem bestimmten Gesichtswinkel darstellt. Das Nachrichtenmaterial, das alltäglich bei den Redaktionen eintrifft, ist bereits vielfach gefiltert: durch Themenwahl der zuliefernden Korrespondenten, durch Zugangserleichterungen oder -beschränkungen durch die Behörden am Berichterstattungsort, bei Agenturmeldungen durch Vorauswahl in der Zentrale der Agentur.

So bleibt Objektivität ein Annäherungswert. Das ständige Bemühen um eine weitgehende Annäherung an die Objektivität ist möglich, aber auch nötig, sogar unverzichtbar.

Nun wird von ernst zu nehmenden Stimmen aus der Wissenschaft eingewendet, Journalisten seien wie andere Menschen auch nur fähig, Informationen aus der eigenen Sicht auszuwählen und mit der eigenen Sicht versehen weiterzugeben. Gemeint ist die politische Sicht. Und da Journalisten traditionell mehrheitlich dazu neigten, sich als aufklärerisch, als fortschrittlich, als links zu verstehen, entstünden, so lautet die Argumentation, in den journalistischen Leistungen zwangsläufig die entsprechenden Verzerrungen.

Ich halte nichts davon, solche Deformationen durch die politische Orientierung in Kauf zu nehmen oder lediglich durch andersgerichtete Deformationen auszugleichen. Der politisch engagierte Journalist kennt seine beruflichen Pflichten ganz genau und kennt auch die Gefahr einer Kollision zwischen beruflicher Pflicht und politischer Neigung. Entscheidet er sich im Kollisionsfall gegen die berufliche Pflicht, so gibt es dafür keine politische Entschuldigung und keine Entschuldigung unter Berufung auf angeblich wissenschaftlich belegte Unvermeidbarkeit.

In diesem Zusammenhang gehört auch der Vorwurf, daß

sich die journalistische Aufmerksamkeit stets auf das Neue, das sich Verändernde, das Außergewöhnliche, das Sensationelle richtet, mit der Wirkung, daß bei Lesern, Hörern und Zuschauern die Normalität nicht mehr als solche erkannt wird und das von der Normalität Abweichende allmählich als das neue Normale akzeptiert wird. Hier treffen wir freilich auf ein unaufhebbares Problem des Journalismus. Die Pastoralinstruktion „Communio et Progressio" erkennt die Existenz dieses Problems an und stellt dazu fest: „Es ist schon gemeinhin für den Menschen schwierig genug, die Wahrheit unverkürzt zu sehen und darzustellen. Für den Journalisten kommt hinzu, daß Nachrichten etwas Neues bringen müssen und darum ihrer Natur nach nur das beleuchten, was sich im Augenblick verändert und von aktuellem Interesse ist. Für die Redakteure ergibt sich ein neues Problem: sie müssen aus der Flut der Nachrichten jene auswählen, die ihrer Meinung nach wichtig sind und öffentliches Interesse finden können. Nachrichten sind folglich Ausschnitte, die ein Ereignis nicht notwendig in seinem ganzen Umfang und seiner vollen Bedeutung erkennen lassen."

Wenn Nachrichten naturnotwendig Ausschnitte sind, so gebietet jedoch die Verpflichtung zur sachgerechten Information des Bürgers, nach Möglichkeit klarzumachen, welche Bedeutung der Ausschnitt für das Ganze hat, d.h. dimensionsgerechte Berichterstattung. Daß gegen dieses Gebot des journalistischen Selbstverständnisses immer wieder verstoßen wird, ist nicht zu bestreiten. Verschärfung des journalistischen Wettbewerbs kann auch die Verschärfung des Wettkampfes mit und um Sensationen bedeuten. Die Entwicklung des Wettbewerbs stellt deshalb besondere Anforderungen auch an das journalistische Selbstverständnis.

Ein nicht unerheblicher Teil des Nachrichtenjournalismus ist transportierender Journalismus. Vermittelt wird, was andere in Pressekonferenzen, Erklärungen, Parlamentssitzungen gesagt haben. Der transportierende Journalismus läßt die eigene Recherche, auch sofern sie lediglich der Ergänzung dient, kaum zu. Es besteht die Gefahr der Überflutung und Verstopfung durch Mitteilungen, die lediglich transportiert werden sollen und die natürlich darauf angelegt sind, den Mitteilenden in ein möglichst günstiges Licht zu rücken. Als Korrektiv ist die Verpflichtung des Journalisten zu sachgerechter Sortierung des Informationsangebots anzuerkennen, einer Sortierung, die sich am Neuigkeitswert und Öffentlichkeitswert der Information zu orientieren hat. Dazu gehört auch, daß der Journalist Informationen, die nach seiner Kenntnis unzutreffend oder unvollständig sind, entweder nicht weiterreicht oder nach besten Kräften ergänzt, so daß sie so zutreffend und vollständig werden, wie es unter den gegebenen Umständen möglich ist. Hilfsweise muß er das Unzutreffende oder Unvollständige als solches kennzeichnen. Zum Bereich des Unzutreffenden oder Unvollständigen gehören auch beschönigende, verhüllende oder verkürzende Mitteilungen.

Journalistische Ergänzungen oder Korrekturen von Mitteilungen setzen die eigene Recherche voraus. Damit ist die Rolle des investigativen Journalismus angesprochen. Wenn investigativer Journalismus heißt, daß er auf ordnungsgemäßen Recherchen zu beruhen hat, dann ist jeder Journalismus insoweit investigativ, und der Begriff ist tautologisch. Im Deutschen wird gelegentlich dafür der Begriff ermittelnder Journalismus verwendet. Beide Begriffe klingen so, als habe der Journalist die Funktion eines Polizisten, eines Staatsanwalts, eines Ermittlungsrichters. Hier liegt auch die Gefahr, daß investigativer Journalismus seine Aufgabe mißversteht und überzieht.

Zu bejahen ist investigativer Journalismus dann, wenn damit die umfassende, keine falsche Rücksicht nehmende Recherche gemeint ist, wenn damit hartnäckiges, sachverständiges Nachfragen und Nachhaken im Interview gemeint sind, unter Verzicht auf Gefälligkeitsfragen und auf selbstgefällige Leitartikel des Fragestellers. Abzulehnen ist ein investigativer Journalismus, der sich ideologische Wahrnehmungssperren selbst setzt und der sich als Mittel zur Bekämpfung des ideologischen Gegners versteht. Investigativer Journalismus kann sich auch als besonders anfällig erweisen für die Erscheinung, die James Burnham „Asymmetrie der Indignation" genannt hat. Gemeint ist die verbreitete Neigung, durch Auswahl und Aufbereitung eines Stoffes Zorn und Empörung in eine bestimmte Richtung zu lenken und in eine andere Richtung hin (auch durch Verzicht auf die entsprechende Investigation) Nachsicht zu üben, selbst wenn dort gleichermaßen tadelnswerte und der Aufhellung bedürftige Sachverhalte anzutreffen sind.

Bei aller Bejahung eines „nachforschenden, aufhellenden, untersuchenden Journalismus" hat Bundespräsident Richard von Weizsäcker in seiner Rede bei der Verleihung des Romano-Guardini-Preises 1987 in der Münchener Katholischen Akademie auf Grenzen hingewiesen, die auch dieser Journalismus zu beachten hat: „Sei der Eifer aber noch so groß, so muß er doch die Würde des Menschen achten. Dic guten Gründe, die wir zum Schutz der Persönlichkeit und ihrer Daten gehört haben, sprechen auch dafür, nicht hemmungslos in die innerste Sphäre des Menschen einzudringen."

In den Vereinigten Staaten werden die Aufdeckung des Watergate-Skandals und der dadurch bedingte Sturz des Präsidenten Nixon als vorbildliche Leistung des investigativen Journalismus gewürdigt. Angesichts der außerordentlichen Aufwertung des investigativen Journalismus durch Watergate warnte der liberale frühere Senator William Fulbright, unstreitig einer der großen Verteidiger der Pressefreiheit, vor einer Inquisitions-Hysterie, die nicht geeignet sei, Reformen herbeizuführen, sondern die nur Zynismus und Enttäuschung hervorrufe sowie zudem zu einer Schwächung der amerikanischen Verfassungsinstitutionen führen könne. Vermutlich hat Fulbright die außerordentlichen Selbstheilungskräfte Amerikas unterschätzt, die auch mit Auswüchsen in diesem Bereich fertig geworden sind. Seine Warnung gibt gleichwohl zu denken.

Journalistische Recherche dient dazu, die Wahrheit über einen Sachverhalt an den Tag zu bringen. Bundespräsident von Weizsäcker hat in der zitierten Rede über die Aufgabe der Medien gesagt: „Die Wahrheit ans Licht bringen ist ihr erklärtes Ziel, ja ihr Ethos."

Auch in der pluralistischen Demokratie mit ihren pluralistischen Wahrheiten gibt es eine Tatsachenwahrheit. Gemeint ist damit die möglichst vollständige, von falschen Rücksichten freie Darstellung von Fakten. Man muß aber auch, wie Otto B. Roegele es in einem Aufsatz im „Rheinischen Merkur" vom 13. November 1981 getan hat, daran erinnern, daß es unterhalb der hochgespannten Erwartung, die ein strenger Begriff von Wahrheit setzt, eine Alltagserfahrung von Wahrheit gibt, ohne die wir uns im Leben nicht zurechtfinden können. Und diese Alltagserfahrung gibt sich, was die Journalisten anbetrifft, damit zufrieden, daß, wie Roegele schreibt, „ein Berichterstatter sein Bestes tut – im Sinne der Anspannung seines Gewissens und der Anstrengung seiner beruflichen Fähigkeiten und Mittel –, um so zutreffend, so vollständig und so verständlich zu berichten, wie es unter den gegebenen Umständen möglich ist". Damit ist erneut ein Annäherungswert festgestellt, aber gewiß kein Freibrief ausgestellt, die Anforderungen an das Mögliche möglichst bescheiden zu halten.

Auf der Basis des sachgerecht und mit größtmöglicher Annäherung an Objektivität ermittelten und vermittelten Sachverhalts entfaltet sich die Vielfalt von Meinungen. Meinungen, auch journalistische Meinungen, stehen im Wettbewerb, im Kampf miteinander. Meinungswettkampf, Meinungskampf erfordert eine Kultur des Streits und des Dialogs. Wenn schon die Sozialdemokratische Partei Deutschlands und die Sozialistische Einheitspartei Deutschlands sich auf die Notwendigkeit einer solchen Kultur verständigen können, sollte dies auch innerhalb der Bundesrepublik Deutschland möglich sein.

Journalistische Meinungen sind Beiträge zur freien Meinungsbildung des Bürgers. Dieser Aufgabe wird Meinungsjournalismus am besten gerecht, wenn er argumentiert. Argumentation ist auf Dialog angelegt und muß sich dialogbereit zeigen. Dies setzt die Bereitschaft voraus, die Präsentation einer anderen, auch der entgegengesetzten Meinung anzuhören und zu respektieren. Damit ist nicht vereinbar der Versuch, den Eindruck zu erwecken, die eigenen Argumente seien solche, die alle billig und gerecht Denkenden vernünftigerweise anzunehmen hätten, wobei sich jeder als unvernünftig erweise, der nicht bereit sei, sie anzunehmen. Journalistische Toleranz verlangt den Verzicht auf eine solche Haltung, wobei Toleranz nicht die Relativierung jeglicher Wahrheit bedeutet, sondern Respekt vor der Meinung des anderen, der seine eigene Auffassung für wahr hält. Solche Toleranz ist vor allem erforderlich, wo journalistische Organe eine Forumsfunktion zu erfüllen haben, d. h. einen Meinungsmarkt darstellen, auf dem das Gespräch der Gesellschaft ausgetragen werden soll und kann.

In einem „Plädoyer für den Meinungsjournalismus" schrieb Brigitte Knott-Wolf in der „Funk-Korrespondenz" vom 28. August 1987, an der Meinungsbildung mitzuwirken sei notwendig mehr als eine reine Dienstleistung: „Denn Meinungsbildung umschließt immer auch die Aufforderung, zu einem Werturteil auf seiten des Zuschauers zu kommen, was voraussetzt, daß dieser Beitrag aus einem bestimmten Ethos heraus gemacht wurde und dieses auch klar sichtbar wird. Dieses Ethos ist orientiert an dem Bewußtsein, der Wahrheit öffentliche Geltung zu verschaffen. Meinungsmache läge dort vor, wo an seine Stelle machtpolitische Interessen träten, mit dem Ziel, der einen oder anderen politischen Gruppierung einen Vorteil zu verschaffen. Aber eben auch nur dann, wenn solche Interessen den Wahrheitsanspruch ersetzten. Niemand wird einen Menschen und damit auch einen Journalisten davon freisprechen können, daß ihn politische und weltanschauliche Prägungen dazu verleiten, gerade dieser und nicht jener Wahrheit zum Durchbruch verhelfen zu wollen."

Brigitte Knott-Wolf übernimmt eine von Günter Brakelmann in einem Bericht vor dem WDR-Rundfunkrat vom 10. Juni 1976 über die Arbeit des ARD-Programmbeirats eingebrachte Unterscheidung zwischen zu bejahender „argumentativer Parteinahme" und abzulehnender „ideologischer Parteilichkeit". Argumentative Parteinahme, wenn sie denn die Wahrheitsfindung im Bereich der meinungsfreien Tatsachendarstellung von Parteinahme frei läßt, ist legitim, wenn sie ihren Angebotscharakter beibehält. Der Versuch, Leser, Zuhörer und Zuschauer zu überzeugen, steht dem Angebotscharakter nicht entgegen, aber gerade in dem Angebotscharakter liegt der Dienst an der freien Meinungsbildung des Bürgers.

Zur Fairneß eines argumentativen Journalismus gehört der Verzicht auf die Inanspruchnahme unberechtigter Glaubwürdigkeitsvorteile. In einem Vortrag unter dem Titel „Fernsehen und liberale Demokratie" hat Wolfgang Bergsdorf, Leiter der Abteilung Inland im Presse- und Informationsamt der Bundesregierung, gefordert, Aufklärung heute heiße nicht zuletzt die Manipulationsmechanismen zu durchleuchten, die die Massenkommunikation prägen. Entscheidend werde jedoch sein, inwieweit Journalisten den Bürgern dabei behilflich seien. „Notwendig ist ein neues Selbstverständnis der Journalisten, die sich ihres Einflusses und damit ihrer Verantwortung für die Wirklichkeitsvorstellungen ihrer Mitbürger bewußter werden müssen. Dies verlangt neue Überlegungen zur Journalisten-Ausbildung wie auch neue Impulse für eine berufsständische Ethik, die Überlegungen für eine Stärkung der Selbstkontrollinstitution einschließen müßten" („Neue Zürcher Zeitung" vom 16. Juli 1987). Diese Forderung ist gewiß nicht nur an das Fernsehen zu richten.

Argumentativer Journalismus ist vom anwaltlichen Journalismus zu unterscheiden. Anwaltlicher Journalismus wird häufig so verstanden, daß Journalisten Anwälte von Minderheiten zu sein hätten, weil diese anders nicht zu Wort kämen.

Richtig ist, daß Auffassungen von Minderheiten, wenn diese selbst sich nicht artikulieren können oder auch wenn sie sich nicht artikulieren wollen, von Journalisten sachgerecht darzustellen sind. Das hat jedoch in Ausübung der journalistischen Vermittlerfunktion zu geschehen. Der Journalist vermittelt seinem Publikum die Meinung der Minderheit. Er steht dabei im Dienst des Publikums und im Dienst von dessen Informationsbedürfnis, nicht im Dienst der Minderheit und von deren Durchsetzungswillen. Und der Journalist ist nicht Anwalt der Minderheit, denn das typische Instrument des Anwalts ist das Plädoyer, bei dem der Anwalt zwar nicht an der Wahrheit vorbeigehen darf, aber doch berechtigt ist, allein und massiv vom Interessenstandpunkt seines Mandanten her zu argumentieren. Plädoyerhafte Tatsachendarstellungen sind mit dem Gebot der umfassenden Information nicht vereinbar, weil sie nicht die Darstellung der jeweils anderen Seite oder der jeweils anderen Seiten mit umfassen. Wenn man plädoyerhafte Kommentare für zulässig hält, so muß auch hier gelten, daß das Plädoyer die meinungsfreie Zone der Tatsachendarstellung zu respektieren hat.

Über das journalistische Selbstverständnis von einer „vierten Gewalt", der die Kontrolle über die anderen Gewalten (Parlament, Exekutive, Justiz) obliegt, hat in der Diskussion nach der Barschel-Affäre Theodor Eschenburg in der „Zeit" vom 23. Oktober 1987 das Entscheidende gesagt: „Aufgabe der Presse ist es, den Staatsbürger zu informieren, auch meinungsbildend und kontrollhelfend. Aber die Kontrolle auszuüben ist Sache des Parlaments, der Gerichte und des Rechnungshofes. Deshalb kann aus der Kontrollhilfe kein besonderes Presserecht abgeleitet werden."

Kritik, nicht Kontrolle, ist die Funktion des Journalisten in der pluralistischen Demokratie. Soweit der Bürger die Kritik als berechtigt anerkennt, hilft sie ihm, seine Kontrollfunktion als Wähler auszuüben. Die Kritikfunktion beinhaltet Abwehr-Rechte gegen Versuche anderer, Informationen zu unterdrükken und zu verfälschen. Für die Journalisten versteht sich das Unterdrückungs- und Verfälschungsverbot als unverzichtbarer Bestandteil des Journalisten-Ethos von selbst.

Als ebenfalls unverzichtbarer Bestandteil des journalistischen Selbstverständnisses in der pluralistischen Demokratie gilt die Unabhängigkeit des Journalisten. Aber ist dies ein realistischer Bestandteil? Die Frage ist berechtigt angesichts der vielfältigen realen Abhängigkeiten. Für den Journalisten in der pluralistischen Demokratie kann Pluralismus jedoch nicht die Vielfalt der Abhängigkeiten bedeuten. Die größtmögliche Annäherung an die journalistische Unabhängigkeit wird gewährleistet durch die Verpflichtung auf ein über den pluralistischen Interessen stehendes und von ihnen anerkanntes Journalisten-Ethos.

Abhängig sind Journalisten freilich nicht nur von Verlegern,

Werbekunden und politischen Parteien. Es gibt auch eine Gruppenabhängigkeit innerhalb des Journalismus, etwa von Wortführern, die das journalistische Selbstverständnis definieren wollen. Auch von solchen Abhängigkeiten werden sich Journalisten immer wieder freimachen müssen. Eine der Erscheinungen gruppeninterner journalistischer Abhängigkeit ist das, was Theo Sommer in der „Zeit" vom 5. Dezember 1980 als Rudel-Journalismus bezeichnet hat: „Rudel-Journalismus der eher kollektiven Gemütsbewegungen entspringt als individueller analytischer Anstrengung; der von Politik hauptsächlich Drama verlangt; der weder zurückblickt noch nach vorn schaut, sondern mit der kurzen Elle des Augenblicks mißt; dem die flinke Pointe wichtiger ist als die gediegene Bewertung. Es ist nicht immer leicht, sich dem Zwang des Rudels zu entziehen."

Neben dem transportierenden und dem argumentativen Journalismus gibt es einen weiteren journalistischen Aufgabenbereich, der an Bedeutung gewinnt: die Darstellung und Vermittlung von Zusammenhängen und Hintergründen. Die immer weiter wachsende Überfülle von Informationen bringt die Gefahr mit sich, bei den Bürgern Irritation und Orientierungslosigkeit hervorzurufen. Auf seiten der Bürger wird der Wunsch stärker werden, nicht nur mit Sachverhalten und Meinungen beliefert zu werden, sondern durch die Darlegung von Zusammenhängen Verständnishilfe zu erhalten. Die Darstellung von Zusammenhängen ist in besonderem Maße manipulationsanfällig. Hier entstehen deshalb besondere Sorgfaltspflichten. Beim Fernsehen, das infolge seiner medial bedingten Fixierung auf das Bild sowie infolge von Personalisierung und Ritualisierung gesellschaftlicher Vorgänge Schwierigkeiten mit der mediengerechten Darstellung von Zusammenhängen und Hintergründen hat, werden solche Darstellungsformen zum Teil erst zu entwickeln sein. Ein wichtiger Beitrag zur Vermittlung von Hintergründen und Zusammenhängen ist die dialogische Darstellung, die sich von der einseitigen argumentativen Parteinahme durch Mehrseitigkeit unterscheidet, die einen vertieften Einblick ermöglicht. Im übrigen sind Personalisierung und Ritualisierung gesellschaftlicher Vorgänge keineswegs nur im Fernsehen anzutreffen.

Was für Folgen hat die Verletzung des Journalisten-Ethos durch die journalistische Praxis? Die wirksamste Folge ist der Entzug der journalistischen Glaubwürdigkeit, der Reputationsverlust. Es ist Sache der Öffentlichkeit, einem Journalisten wegen evidenter schwerwiegender und womöglich wiederholter Verletzung des Journalisten-Ethos die Glaubwürdigkeit zu entziehen. Voraussetzung ist, daß die Öffentlichkeit eine klare Vorstellung davon hat, welches die ethisch bedingten Pflichten von Journalisten in einer pluralistischen Demokratie sind. Auch hier besteht noch ein Aufklärungsbedarf.

Alfons Auer

Verantwortete Vermittlung

Bausteine einer medialen Ethik

Ethik ist die Wissenschaft vom Sittlichen. Das Sittliche betrifft die optimale Entfaltung des Menschlichen. Es fügt dem Menschen nichts hinzu, noch auferlegt es ihm etwas, was ihm nicht von selbst schon zukäme. Das Menschliche entfaltet sich in der konkreten Situation des Einzelnen, der Gesellschaft und der Menschheit im ganzen. Darum muß sich der Mensch, wenn er sich selbst optimal entfalten will, von der Wirklichkeit seines Daseins in Pflicht nehmen lassen. Man kann also sagen: Das Sittliche ist der Anspruch der Wirklichkeit an die menschliche Person. Der Mensch darf mit der Wirklichkeit nicht nach Willkür und Belieben verfahren. Er muß die in ihr angelegten Ordnungsgesetze und Sinnwerte wahrnehmen und zu seinem und seiner Mitmenschen Wohl in seinem Dasein durchsetzen.

Dies meint wohl auch Goethe mit seinem bekannten Wort: „Im Tun und Handeln kommt alles darauf an, daß die Objekte rein aufgefaßt und ihrer Natur gemäß behandelt werden." Für die Ethik gilt also in gleicher Weise, was Heinrich Henkel im Hinblick auf das Recht schreibt: „Das Wort ‚Natur der Sache' ... bezeichnet im wissenschaftlichen Denken einen bestimmten Weg der Erkenntnis, der nicht auf Ideen hin gerichtet ist, sondern von den ‚Dingen' ausgeht, und sich an ihrem ‚Maß' orientiert. Als eine solche Denk- und Betrachtungsweise kennzeichnet Schiller in dem bekannten und vielzitierten Brief an Wilhelm von Humboldt (vom 9. 11. 1795) Goethes ‚solide Manier, immer vom Objekt das Gesetz des Handelns empfangen und aus der Natur der Sache ihre Regeln abzuleiten' ... In jeder Situation, in jeder Konstellation von Tatsachen, menschlichen

Strebungen und historischen Tendenzen liegt ein Maßstab des Richtigen verborgen, den es auszuhorchen gilt. Er ist den Dingen immanent, nicht transzendent."[1]

Wenn ich wissen will, wie ich mich in Ehe, Familie, Beruf, Staat, Technik, Kunst und Wissenschaft verhalten soll, muß ich zuerst wissen, was diese Lebensbereiche für die menschliche Person und ihre sozialen Beziehungen bedeuten, welche Gesetze in ihnen herrschen, welche Sinnwerte in ihnen zur Erscheinung kommen, welche geschichtlichen Möglichkeiten ihnen gegenwärtig offenstehen und welchen Begrenztheiten sie gegenwärtig ausgesetzt sind. Erst dann kann mir klar werden, wie ich mich in ihnen zu verhalten habe, damit sie ihren Sinn und ihre Funktion für das menschliche Dasein in optimaler Weise erfüllen. Das wahre Sein der Wirklichkeit, die innere Wahrheit der Dinge wird so zum Maß und zur Norm des Handelns. Diese „Sachlichkeit" vermag nicht nur die augenblickliche Gestalt eines bestimmten Lebensbereiches, sondern auch sein Zurückbleiben hinter den angebotenen Möglichkeiten und seine wesenhafte Hinordnung auf optimale menschliche Daseinsentfaltung wahrzunehmen.

Auch Ethik der Medien ist in diesem Sinn „immanente Ethik". Das heißt: Im Prozeß der sozialen Kommunikation handelt sittlich richtig, wer sachgerecht handelt, wer die in diesem Bereich geltenden Gesetzlichkeiten und die hier vorgegebenen Sinnziele respektiert. Den Teilnehmern am sozialen Kommunikationsprozeß werden nicht irgendwelche Normen von außen oktroyiert. Sittliche Normen oder Weisungen erscheinen vielmehr nur dann als begründet, wenn die in ihnen artikulierten Verbindlichkeiten als innere Momente der sozialen Kommunikation erkennbar werden, wenn sie im medialen Vermittlungsprozeß selbst ihre Dringlichkeit anmelden. Die sittlichen Grundsätze im Bereich der publizistischen Medien ergeben sich also aus dem Wesen der gesellschaftlichen Kommunikation und aus den spezifischen Eigenarten der Medien, in denen sich die Kommunikation vollzieht.

I. Der öffentliche Kommunikationsprozeß

1. Kommunikation als soziales Handeln

Manfred Rühl hat in seinem Buch „Journalismus und Gesellschaft. Bestandsaufnahme und Theorieentwurf" eine Theorie des Journalismus aus systemrationaler Sicht vorgelegt. Danach bezieht sich öffentliche Kommunikation auf die Ereignishaftigkeit der Welt. Das Abstraktum einer universalen Weltgesellschaft kann nur in konkretisierenden System/Umwelt-Beziehungen real werden – etwa in einem Journalismus, der zu einer bestimmten Zeit einer bestimmten Gesellschaft die Ereignishaftigkeit der Welt vermittelt, indem er sie durch die Präsentation von Themen überschaubar und einsichtig macht.

Vermittlung von Ereignishaftigkeit der Welt geschieht im Prozeß der Kommunikation. Kommunikation ist als soziales, nicht als individual-kausales Handeln zu bestimmen; sie verwirklicht sich nicht auf der Einbahnstraße vom Kommunikator zum Rezipienten nach dem Reiz-Reaktions-Schema, wie es sich das sogenannte „publizistische Modell" vorgestellt hat; hier könnten in der Tat einige Eliten der dumpfen Masse die von ihnen kreierten Wahrheiten aufreden. Soziale Kommunikation ist ein Handeln aufgrund vieler wechselseitiger Beziehungen. Sie ist „das Zeitgespräch der Gesellschaft" (B. M. Aswerus), „das Gespräch der Menschengesellschaft mit sich selbst über Fragen der Zeit" (O. B. Roegele). Diese Wechselwirkungen können nur eintreten, wenn zwischen den vielen einzelnen und den sozialen Systemen, in die hinein die einzelnen integriert sind, ein Erwartungspotential besteht, wenn auf der Ebene sinn- und bedeutungsbezogener Symbole sich ein Konsens gebildet hat. Dieser Konsens macht es möglich, die komplexe Ereignishaftigkeit der Welt auf ein vollziehbares Maß zu reduzieren und konkret zu thematisieren.

2. *Journalistische Entscheidungsstrukturen*

Journalismus ist also ein System umweltbezogener Kommunikation. Nun ist nach Manfred Rühl das entscheidende Kennzeichen heutiger öffentlicher Kommunikation ihre „institutionalisierte Unpersönlichkeit"[2]. Bestimmend sind in diesem Prozeß nicht Motive, Emotionen, Interessen oder moralische Einstellungen einzelner Personen, sondern Strukturen, Organisationen und Strategien, durch die der immer komplexer werdende Kommunikationsprozeß vernünftig gesteuert werden soll. Personale Kommunikationsverläufe werden dadurch nicht überflüssig, aber sie werden zurückgedrängt zugunsten bestimmter Entscheidungsstrukturen, die den Prozeß „unabhängig von den ausübenden Personen sowie deren individuellen Vorzügen und Nachteilen ... grundsätzlich und routinemäßig regeln und stabilisieren"[3].

Da gibt es bestimmte Rollen, in denen klar definierte Erwartungskomplexe vorgezeichnet sind, etwa die Rolle des Londoner Korrespondenten des ZDF oder des Polizeireporters der „Bild-Zeitung"; diese Rollen bleiben, auch wenn ihre Träger wechseln. Da gibt es bestimmte Normen – organisationsinterne Normen wie Vereinbarungen über die Arbeitszeiten oder über den Aufgabenbereich des Chefs vom Dienst sowie organisationsexterne Normen wie Pressegesetze, Rundfunkgesetze oder Staatsverträge. Da gibt es schließlich bestimmte Techniken, die in der journalistischen Kommunikation institutionalisiert sind, wie Recherchieren, Interviewen, Redigieren, Texten; oder auch methodische Techniken – etwa daß bei Informationen ein „Aufhänger" zu suchen ist, daß in den Nachrichten das Wichtigste zuerst gesagt wird, daß journalistische Produkte typographisch bzw. funkisch oder telegen der Öffentlichkeit möglichst attraktiv vermittelt werden. In solchen Entscheidungsstrukturen ist die Unpersönlichkeit „institutionalisiert". Die Autonomie des Journalismus realisiert sich darin, daß er die dem Kommunikationsprozeß optimal angemessenen Strukturen und Strategien selbst kreieren kann.

3. *Autonomie des Publikums*

Das Publikum, der andere Partner im sozialen Kommunikationsprozeß, ist zwar auf den Journalismus verwiesen, weil dieser ihm die Chance der Information eröffnet. Der einzelne wäre durch die verwirrende Vielfalt der Welt hoffnungslos überfordert, wenn die Weltereignisse nicht thematisiert und für die öffentliche Kommunikation zubereitet würden. Daß der Journalismus diese Themen präsentieren und andere verschweigen kann, ist in seinem Auftrag als Chance und zugleich als Gefährdung auf Manipulation hin unweigerlich impliziert.

Aber es gibt auch eine Verwiesenheit des Journalisten auf das Publikum. Dieses setzt sich nämlich nicht – jedenfalls nicht nur – aus passiven und gleichartigen Sozial-Atomen zusammen, die der manipulatorischen Willkür der Kommunikation hilflos preisgegeben sind. Es gibt eine ganze Reihe von sozialen Faktoren, die das Publikum deutlich differenzieren [4]. Aufgrund individueller Prägung durch die eigene Lebensgeschichte, durch übernommene Positionen und Rollen sowie durch die Gemeinschaft, in die sie integriert sind, entwickeln die einzelnen eine beachtliche Selektionsfähigkeit. Das Publikum ist nicht eine beliebig modellierbare Masse. Es kann sich dem journalistischen Themenangebot verweigern und dadurch gar nicht erst zum Publikum werden. „Nicht nur der Journalismus, sondern auch seine Publika verfügen über Autonomie." [5]

Zusammenfassend können wir feststellen: Der Journalismus ist – gemäß einem gesellschaftlichen Konsens – der wichtigste Träger des öffentlichen Kommunikationsprozesses. Er hat die Themen zu präsentieren und damit das wechselseitige „Zeitgespräch der Gesellschaft" immer wieder in Gang zu bringen. Für den heutigen Journalismus ist typisch, daß die Persönlichkeit des Journalisten hinter den institutionalisierten Entscheidungsstrukturen zurücktritt. Das Publikum schließlich ist auf die Präsentation der Themen durch den Journalismus angewiesen, dokumentiert aber diesem gegenüber durch die Fähigkeit zur Selektion auch seine eigene Autonomie.

II. *Ethische Implikationen des öffentlichen Kommunikationsprozesses*

1. *Allgemeine Vorüberlegung: Individualethik oder Institutionenethik?*

In einer systemtheoretischen Bestimmung des Journalismus, wie Manfred Rühl sie vorlegt, bleibt für die herkömmliche individuale Berufsethik wenig oder kein Raum. Ähnlich ist es bei einer funktionalistischen Publizistik-Theorie, die den Kommunikationsprozeß als komplexe Relation interdependenter Feldfaktoren bestimmt: des Kommunikators, des Rezipienten, des Mediums und der Aussage. Schließlich verhält es sich doch auch beim Kommunikations-Modell der Münchener Schule kaum anders. Hier wird partnerschaftliche Kommunikation unter dem „Faktorenkranz" von Universalität, Aktualität, Periodizität und Publizität sowie von möglichen Kommunikationsmedien und von der rechtlichen und sozialen Organisation der Kommunikation betrachtet. Angesichts der empirisch nachprüfbaren sozialen und technischen Mechanismen im Umkreis des Kommunikationsprozesses sieht sich individuale Gesinnungsethik drastisch in die Ecke gedrängt. Manfred Rühl wittert in ihr eine Moral, die sich die argumentative Begründung erspart und sich statt dessen im appellativen Pathos bewegt. Appellative Individualethik sieht er etwa in den „Publizistischen Grundsätzen" des Deutschen Presserats vertreten; diese postulieren unter anderem: „Achtung vor der Wahrheit und wahrhafte Unterrichtung der Öffentlichkeit sind oberstes Gebot der Presse. Zur Veröffentlichung bestimmte Nachrichten und Informationen in Wort und Bild sind mit der nach den Umständen gebotenen Sorgfalt auf ihren Wahrheitsgehalt zu prüfen."[6] Solches Ethos bzw. solches Pathos eignet sich nach Manfred Rühl für Festreden, nicht für die Regelung der journalistischen Routinearbeit. Dafür bedürfe es der Institutionalisierung vernünftiger Entscheidungskriterien, die journalistische Selbstprogrammierung, Selbstorganisierung und Selbstprofessionalisierung ermöglichen.

Hier liegt in der Tat eine Umdeutung des Freiheitsbegriffs vor. Nach der herkömmlichen Auffassung verwirklicht sich Freiheit in den Persönlichkeiten, die den Kommunikationsprozeß initiieren; nach systemrationaler Auffassung verwirklicht sich Freiheit in der Erstellung von Rollen, Positionen, Normen, Techniken und anderen journalistischen Organisationen, die den Kommunikationsprozeß steuern und den einzelnen zugleich innerlich-moralisch entlasten. „Moral ist kein Mittel der Kontrolle für ein komplexes Sozialsystem. Moderner Journalismus widersteht der personalisierenden Moralisierung. Als einem differenzierten Sozialsystem greifen ihm gegenüber nur konkretisierbare formale Kommunikationserwartungen wie Normen, Symboltechniken oder Rollen."[7]

Einem ordentlichen Ethiker sollte angesichts solcher Äußerungen der kalte Schauer über den Rücken fahren. Aber wir müssen dazu stehen: Ethik der Medien ist „immanente Ethik". Im Prozeß der sozialen Kommunikation handelt sittlich richtig, wer die in diesem Bereich geltenden Gesetzlichkeiten und die hier vorgegebenen Sinnziele respektiert. Das Ethos des Journalismus bestimmt sich also von dessen gesellschaftlicher Aufgabe her, Themen zur öffentlichen Kommunikation zu präsentieren. In der klassischen theologischen Ethik des Mittelalters hat man sittlich richtiges Handeln darin gesehen, daß man das sachliche Werkziel einer bestimmten Handlung zu seinem persönlichen Wirkziel gemacht hat. Der finis operis sollte im finis operantis vom Menschen bejaht, anerkannt und durchgesetzt werden. Journalistisches Ethos verlangt also, daß der einzelne alle Sachgesetzlichkeiten und alle Sinnwerte, die in der Herstellung und Bereitstellung von Themen zur öffentlichen Kommunikation impliziert sind, in Freiheit bejaht und um ihre Durchsetzung bemüht ist. Dazu gehört auch, daß der einzelne die unverzichtbare Bedeutung journalistischer Entscheidungsstrukturen erkennt und anerkennt. Es wird dem einzelnen also ein Ethos der Sachlichkeit im Hinblick auf die „institutionalisierte Unpersönlichkeit" sozialer Kommunikation in einer komplexen Gesellschaft abverlangt. Giselbert Deussen hat den individualistischen Ansatz in der Kommunikationstheorie bei Paul VI. kritisiert und seine Begründung in einer individualistischen Anthropologie gründlich und schlüssig aufgedeckt. Wenn man in der sozialen Kommunikation das „Zeitgespräch der Gesellschaft" sieht, darf man zwar die personalen Strukturen nicht außer acht lassen, man muß aber auf jeden Fall diesen personalistischen Aspekt mit einem anthropologisch vertieften Verständnis von „Öffentlichkeit" vermitteln und darüber hinaus auch die unumgängliche Indirektheit technischer Kommunikation in einem ganzheitlichen Verständnis des Menschen integrieren. Die „Massenhaftigkeit" heutiger gesellschaftlicher Kommunikation hat keine geringere, sondern eine andere anthropologische Relevanz als personale Strukturen und personale Kommunikationsverläufe. G. Deussen betont darum mit Recht auch die ethische Dimension der sogenannten Massengesellschaft und der ihr angemessenen Kommunikationsformen sowie die ethische Dimension „indirekter, technisch vermittelter Kommunikation als Folge der Übertragung von Maßstäben instrumentalen Handelns auf zwischenmenschliche Beziehungen". Er fordert „eine neue Sensibilität für Aktionen instrumenteller Art ..., eine Sensibilität, ohne die es in Zukunft kein publizistisches Ethos und keine Ethik der Massenkommunikation geben wird"[8].

Diese Auffassung steht übrigens im vollen Einklang mit der vor bald zwanzig Jahren schon vorgelegten Definition der Massenkommunikation durch Gerhard Maletzke: Er bestimmt diese als „jene Form der Kommunikation, bei der Aussagen öffentlich durch technische Mittel indirekt und einseitig an ein disperses Publikum ... vermittelt werden". Lediglich die Vorstellung der „Einseitigkeit" des Prozesses wird man heute insofern differenzierter sehen, als sie nur von den Techniken der Vermittlung, nicht vom Ganzen des medienkommunikativen Prozesses ausgesagt werden kann. Auf dem Hintergrund der publizistischen Handlungswirklichkeit sagt G. Deussen über eine „Ethik der Massenkommunikation" zutreffend: „Als solche oktroyiert sie keine Gesinnungen, sondern begreift die

Gesellschaft als das kontingente Apriori von Normsetzungen; sie bemüht und bescheidet sich als Beschreibung, Analyse und kritische Reflexion vorfindlicher publizistischer Normen im Kommunikationsgeschehen des ‚Gesprächs der Gesellschaft'. Diese Normen sind ihr zugänglich in den massenkommunikativen Aussagen, die technisch gebunden, öffentlich und indirekt, sowie an ein disperses Publikum gerichtet sind. Darüber hinaus reflektiert sie die ethischen Voraussetzungen, die publizistisches Kommunizieren ermöglichen und in Gang halten. Ferner versucht sie die Richtung dieses ‚Ganges' mittels offener, immer korrigierbarer Entwürfe, die sich um die Aufstellung und Formulierung von ‚Essentials' des Humanen mühen und auch das Mittel der Prognose einbeziehen, zu kritisieren."[9]

Ein ausgearbeiteter Entwurf solcher „Ethik der Kommunikation" wurde bis jetzt allerdings nicht vorgelegt; jedenfalls ist dem Verfasser ein solcher nicht vor Augen gekommen. Der Ethiker kann einen solchen Entwurf nicht im Alleingang erarbeiten. Er kann hier nur provozieren – und sei es auch durch einen scheinbaren Rückfall in individualethische Appelle; solche Provokation könnte vielleicht seitens der unmittelbar Betroffenen allmählich doch einen Entwurf konkreter medialer Institutionenethik evozieren.

Solange es einen solchen Entwurf nicht gibt, wird der Ethiker versuchen, Herkömmliches vom neugewonnenen Horizont her neu zu bedenken. Die Rede vom Ethos der Sachlichkeit und von einer „immanenten Ethik" der sozialen Kommunikation impliziert nicht das blinde Vertrauen auf einen wie immer sich vollziehenden Automatismus institutionalisierter Strukturen. Der magische Glaube des totalen ökonomischen Liberalismus an die „unsichtbare Hand", die das freie Spiel der Kräfte mit sicherer Mechanik auf den gemeinen Nutzen hinlenkt, ist entzaubert. Wir sollten ihn nicht im Bereich der sozialen Kommunikation neu inthronisieren. Würde sich das Zusammenspiel von Rollen, Normen und Techniken automatisch vollziehen, bedürfte es eines journalistischen Ethos höchstens noch in dem Bereich, wo der automatische Mechanismus in Bewegung gesetzt wird. Rollen, Normen und Techniken stellen doch wohl eine sozialtechnische Konkretisierung des finis operis, des sachlichen Werkziels des Journalismus, dar, d. h. der Herstellung und Bereitstellung von Themen zur öffentlichen Kommunikation. Diese sozialtechnischen Strukturen und Strategien müssen aber auch fortwährend ausdrücklich auf das Glücken menschlicher Identitätsfindung und menschlicher Kommunikation hingelenkt werden. Journalistisches Ethos verlangt wie jedes Ethos, daß der finis operis vom finis operantis aufgegriffen wird, daß das sachliche Werkziel zum persönlichen Wirkziel wird. Anders gesagt: Journalistische Technik bedarf, um ihr humanes Ziel zu erreichen, des journalistischen Ethos. – Wie läßt sich solches Ethos einigermaßen konkret umschreiben?

2. *Ethos der Kommunikation im Bereich des Journalismus*

a) Grundlegende ethische Dispositionen

Die „Pastoralinstruktion über die Instrumente der sozialen Kommunikation", die im Jahre 1971 im Auftrag des Zweiten Vatikanischen Konzils veröffentlicht wurde, schreibt zu den Möglichkeiten und Pflichten der Kommunikatoren: „Die Kommunikatoren sind Anwälte und Stimulatoren im Gespräch der Gesellschaft. Sie sind gleichsam Gesprächsleiter am großen runden Tisch, den die Instrumente der sozialen Kommunikation bilden. Es ist daher ihre Aufgabe, immer und überall um die Verwirklichung der Ziele der gesellschaftlichen Kommunikation bemüht zu sein, das heißt in jeder Hinsicht den menschlichen Fortschritt zu fördern sowie die Menschen zueinander zu führen und sie in wirklicher Gemeinschaft zu verbinden." Kommunikatoren sind also nicht unbeschränkte Herren über die Instrumente des gesellschaftlichen Selbstgesprächs, sie haben kein privilegiertes Monopol auf Meinungs- und Informationsfreiheit. Sie sind vielmehr *die ehrlichen Mak-*

ler, die das Gespräch am runden Tisch der Meinungsbildung in Gang halten, die den aufdringlichen Partner behutsam zurückdrängen und den schweigenden ermuntern oder provozieren, die allen monologischen Tendenzen widerstehen und die Offenheit des Kommunikationsprozesses gewährleisten.

Hörer bzw. Zuschauer oder Leser haben ein Recht auf *vollständige Information.* Darum müssen die Kommunikatoren ein möglichst umfassendes Bild der menschlichen Gesellschaft, ihrer Erwartungen, ihrer Probleme und ihrer Fortschritte vermitteln. Natürlich können sie das Panorama der Meinungen, Tendenzen und Tatsachen nicht bis in jedes Detail hinein entfalten. Schon bei ihren Nachforschungen und erst recht bei der publizistischen Verbreitung der Nachrichten müssen die Redakteure auswählen. Indem sie aber dieses zurückhalten und jenes vorstellen, setzen sie die Themen des gesellschaftlichen Zeitgespräches im wesentlichen mit fest. Hier walten freilich, jedenfalls auf Dauer, nicht – wie vor allem in kirchlichen Verlautbarungen immer wieder befürchtet wird – Beliebigkeit und Willkür; denn die Kommunikatoren ergänzen und korrigieren sich gegenseitig, sie setzen verschiedene Schwerpunkte und heben andere Zusammenhänge hervor. Auf diese Weise tragen sie insgesamt dazu bei, daß die verwirrende Fülle der Informationen durchsichtig wird und daß aus der Vielfalt der Nachrichten doch die tragenden Tendenzen hervortreten. Auf diese Weise gleichen sie auch immer wieder die Einseitigkeiten aus, die durch den unausweichlichen Zwang zur Auswahl und Beschränkung entstehen und die dazu führen, daß einzelne Informationen bestimmte Ereignisse zunächst eben nicht in ihrem vollen Umfang und in ihrer vollen Bedeutung erkennen lassen.

Das entscheidende Kennzeichen der Nachrichtenvermittlung durch Hörfunk und Fernsehen liegt zweifellos darin, daß ihnen dabei Information als öffentliche Aufgabe zugewiesen ist. Darum wird an sie von vielen mit Nachdruck die Forderung der *Ausgewogenheit* gestellt. Der frühere Bundespräsident Walter Scheel hat freilich in einer Rede anläßlich der Jahrestagung des Verbandes Deutscher Zeitungsverleger in

Stuttgart im Jahre 1977 erklärt: „Die Forderung der Ausgewogenheit darf nie dahin führen, daß ein Journalist gezwungen oder veranlaßt wird, gegen seine Überzeugungen, d. h. gegen seine eigenen Kategorien des Wichtigen und Richtigen, zu verstoßen. Erst dadurch, daß sich der Kommentar als eine Meinung von einem bestimmten, das heißt immer von einem begrenzten Standpunkt aus darstellt, trägt dieser Kommentar überhaupt zur Meinungsbildung bei. Wir sollten uns davor hüten, die Forderung der Ausgewogenheit zu einem Knebel der Meinungsfreiheit zu machen. Ausgewogenheit kann nichts anderes heißen, als daß gegenteilige Meinungen Gelegenheit haben, sich darzustellen." – Hier erhält die Formel von der „verantworteten Vermittlung" ihren vollen Sinn. Indem der Rundfunk verschiedene Meinungen vermittelt, vermittelt er zwischen den verschiedenen Tendenzen in der Gesellschaft. Eine Zeitung kann sich durchaus einer bestimmten Tendenz verschreiben und sie mit Nachdruck in der Öffentlichkeit zur Geltung bringen. Sie trägt nicht den Charakter einer öffentlich-rechtlichen Anstalt.

Hörfunk und Fernsehen haben aufgrund ihres öffentlich-rechtlichen Charakters eine vermittelnde, eine integrierende Funktion im Selbstgespräch der Gesellschaft. Indem sie die innere Legitimation für die gesellschaftliche und staatliche Wirklichkeit aufweisen, fördern sie die Solidarität der Bürger. Sie dienen auf diese Weise einem fundamentalen Konsens, ohne den jeder Pluralismus auf die Dauer destruktiv wird. Des Konsenses bedarf es hinsichtlich „jenes Kernbestandes sittlicher Wert- und Verpflichtungsgeltungen, den die Gesellschaft (bei voller Bejahung ihrer Pluralität) als eine Grundbedingung ihrer Existenz, ihres geordneten Zusammenlebens und ihrer Gemeinwohlfunktion zu erhalten, zu schützen und in ihrer Erziehung zu vermitteln sucht"[10]. Gesellschaftliche Integration kann nur erreicht werden, wenn die verschiedenen Standpunkte und Gruppen so vermittelt werden, daß sie sich gegenseitig zur Kenntnis nehmen und respektieren können. Die Pflicht zur Solidarität verlangt also, daß über alle Vorgänge und Entwicklungen berichtet wird und daß dazu, jedenfalls im

Rahmen des Gesamtprogramms, auch verschiedene Meinungen dargestellt werden.

Freilich muß die Solidarität, die durch solch integrierende Ausgewogenheit angestrebt wird, eine *kritische Solidarität* sein. Darüber gehen die Meinungen naturgemäß weit auseinander. Diejenigen, die eine „andere Republik" wollen, wehren sich dagegen, daß man die Kritik immer in einem begrenzten Rahmen halten soll und das etablierte System nicht als solches in Frage stellen darf. Nun kann es gewiß nicht die Aufgabe publizistischer Information sein, eine Gesellschaft pausenlos nur zu bestätigen. Dann kommt diese nie über ihren augenblicklichen Zustand hinaus, dann bleiben die einmal Etablierten immer auf ihren Privilegien sitzen. Doch muß jede Kritik sowohl an der Wahrheit wie an der Solidarität Maß nehmen. Sie kommt weder der einen noch der anderen Verpflichtung nach, wenn sie an unserer Gesellschaft und an unserem Staat nur schreiende Ungerechtigkeit feststellt. Sie kommt ihren Verpflichtungen auch dann nicht nach, wenn sie ausschließlich von utopischen Vorstellungen ausgeht, anstatt auch den Vergleich mit anderen Gesellschaften und Staaten zur Basis der Bewertung zu nehmen. Solidarität darf allerdings nicht so weit getrieben werden, daß die Kritik jeden Stachel verliert und keinen dynamisierenden Effekt mehr auszuüben vermag. Verantwortete Vermittlung opfert weder die Solidarität der Kritik noch die Kritik der Solidarität.

b) Konkretisierende Hinweise

Die kritische Solidarität des Kommunikators mit dem Rezipienten hat ein weites Feld der Betätigung. Sie konkretisiert sich vor allem im aktiven Widerstand gegen die spezifischen Gefahren der Massenkommunikation und in der bewußten Förderung ihrer positiven Möglichkeiten. Ein paar Hinweise sollen verdeutlichen, was damit gemeint ist.

Der Tendenz etwa zur Passivität und zur bloßen Konsumentenhaltung muß der Kommunikator bewußt entgegenwirken durch gezielte Weckung der menschlichen Fähigkeit zu Spontaneität und Aktivität. Er muß den Hörer zum eigenen Nachdenken ermutigen und ihn immer wieder anspornen, seine bisherigen Meinungen und Vorurteile sorgfältig zu überprüfen.

Der Tendenz jeglicher Nachrichtenvermittlung, die Wirklichkeit zu verkürzen oder zu entstellen, muß der Kommunikator entgegenwirken, indem er im Rahmen des Gesamtprogramms eine ganzheitliche Orientierung über das gesellschaftliche Leben anstrebt. Er hat es weithin in der Hand, gegenüber dem publizistischen Übergewicht des Aktuellen und Neuen das Wesentliche und Bleibende, gegenüber der Aufdringlichkeit des Kontroversen die grundlegenden Übereinstimmungen und gegenüber der Übermächtigkeit der Negativmeldungen auch ansprechende Modelle geglückten Menschseins zur Geltung zu bringen. Er kann wesentlich dazu beitragen, daß in der öffentlichen Diskussion das, was in der Welt an Gutem und Richtigem getan wird, nicht ausgeblendet wird und dadurch als belanglos erscheint. Wo allzu häufig und eindrucksvoll über Verbrechen und Brutalität berichtet wird, besteht die Gefahr, daß das wahre Bild menschlichen Zusammenlebens verzerrt wird.

Auch der Gefahr der *Manipulation* kann und muß der Kommunikator entgegenwirken. Diese Gefahr entsteht nicht nur aus dem menschlichen Willen zur Machtausübung; es gibt auch eine systembedingte Manipulation, eine Manipulation also, die mit dem technischen System der Kommunikation gegeben ist: Die Schwerverständlichkeit der Nachrichten, die Parzellierung der Informationen, die Eliminierung von Zusammenhängen, die Beschränkung auf das Faktische, die einseitige Auswahl der Nachrichten aufgrund der Priorität des Aktuellen und anderes mehr könnten statt zur Information zur Desinformation und damit auf die Dauer auch zur Entpolitisierung führen. Jedenfalls darf die kritische Freiheit des Rezipienten nicht überspielt werden. Es ist für Hörer und Zuschauer schon eine große Hilfe, wenn sie immer wieder in aller Redlichkeit über die mit den Medientechniken gegebenen Möglichkeiten zur Beeinflussung aufgeklärt werden; das allein eröffnet schon die Möglichkeit der Distanz und damit der kritischen Freiheit.

Dem Rezipienten ist auch dadurch geholfen, daß der Kommunikator ihm nicht eine ohnehin unerreichbare *Objektivität* in Vermittlung und Kommentierung von Nachrichten *vorgaukelt,* sondern seine unumgängliche Subjektivität offenlegt und einen verantwortungsbewußten Umgang mit seiner Subjektivität demonstriert.

In der französischen Volksbildungsarbeit spricht man von „animation culturelle". Man meint damit das Bemühen des Volksbildners, dem Zuhörer seine eigene Art zu ermöglichen und zu erleichtern, ihn also nicht von oben herab zu belehren, sondern ihn zu wecken, zu begleiten, zu animieren. Solche Bildungsarbeit versteht sich als „assistierte Autodidaktik", als behutsam unterstützte Selbstbildung, während herkömmliche Erwachsenenbildung eher Erziehung von oben her betreiben oder einfach vorgegebene, unveränderliche Kulturwerte „zugänglich machen" wollte. Im Umkreis unserer Überlegungen heißt „animation culturelle", daß die Kommunikatoren sich den strukturell bedingten Gefahren der Massenmedien widersetzen und die mit ihnen eröffneten spezifischen Chancen optimal nützen.

c) Begrenztheit der Verantwortung

Ethische Reflexionen müssen freilich auf dem Boden der Wirklichkeit bleiben. Man darf den Kommunikator nicht überfordern. Man muß im Auge behalten, daß publizistische Verantwortung offensichtlich begrenzt ist. Die Freiheit des Rundfunkjournalisten zumal erscheint jedenfalls für den Außenstehenden erheblich eingeschränkt. Da sind die Begrenztheiten in Produktion und Vermittlung von Nachrichten. Da ist der Zwang zur Aktualität und Eile. Da ist die unvermeidliche Subjektivität in der Auslegung von Fakten und Meinungen. Da ist das technische Instrumentarium, das dem einzelnen ohnehin wenig Raum läßt. Und da sind schließlich die vorgeordneten Verantwortlichkeiten des Abteilungsleiters, des

Intendanten, des Rundfunkrates und damit die Ansprüche der „gesellschaftlich relevanten Kräfte". Immerhin bleibt dem einzelnen Redakteur ein gewisser Spielraum, um in den allgemeinen Trend wenigstens da und dort kommentierend und orientierend einzugreifen. In diesem Spielraum gilt es, die Dispositionen, von denen hier die Rede war, zu realisieren. G. Deussen macht in „Ethik der Massenkommunikation bei Papst Paul VI." deutlich, „daß eine Überbetonung der Rolle des Informators als des Inhabers des Macht*mittels* der technischen Medien der Information nicht allein auf einer empirischen Fehleinschätzung des Kommunikationsprozesses beruht, sondern in der ethischen ‚Informationsmetaphysik' des Papstes, gemäß deren die Information immer als von der Natur des Menschen normierte Norm gradlinig der individuellen Person appliziert wird, die sich dieser Mittel bedient ... und die sie folglich – ihren ethischen Falsch-und Richtig-Entscheidungen gemäß – zu Wohl oder Wehe ‚gebrauchen' kann."[11]

3. *Ethos der Kommunikation im Bereich des Publikums*

a) Partnerschaft am „runden Tisch des Gesprächs"

Jedenfalls wäre es verfehlt, alle Verantwortung den Kommunikatoren aufzubürden und von ihnen eine Perfektion zu erwarten, die menschliches Vermögen übersteigt. Auch der Rezipient muß seinen Teil beitragen, daß ein lebhaftes „Zeitgespräch der Gesellschaft" zustande kommt. Die vorher schon zitierte „Pastoralinstruktion über die Instrumente der sozialen Kommunikation" betont ebenso nachdrücklich wie die Verantwortung der Kommunikatoren auch die der Rezipienten. Es heißt dazu: „Die Einflußmöglichkeiten der Rezipienten und damit auch ihre Pflichten sind viel größer, als allgemein angenommen wird. Von den Rezipienten hängt es entscheidend ab, ob ein wirkliches Gespräch zustande kommt. Bleiben sie passiv und stumm, wird Kommunikation zur Einbahnstraße, auch wenn sich die Kommunikatoren noch so sehr um einen Dialog bemühen." Wenn man vom äußerlich-technischen Gebrauch der Instrumente der sozialen Kommunikation ausgeht, erscheint der Rezipient tatsächlich als zur Passivität verurteilt. Faßt man aber den Kommunikationsprozeß als solchen ins Auge, dann erscheint der Hörer bzw. Zuschauer als echter Partner am runden Tisch des öffentlichen Gesprächs. Im Wesen des Kommunikationsprozesses liegt eine ständige Herausforderung an den Rezipienten, seinen Beitrag zum Gespräch und zur Zusammenarbeit in der Gesellschaft zu leisten. Freilich ist dieser Beitrag nur in dem Maße zu erwarten, als der Rezipient sich seiner Rolle als Partner bewußt wird, als er sich möglichst viele und verschiedene Quellen der Information zugänglich macht und zu kritischer Auswahl und Bewertung der Information fähig ist. Nur auf diese Weise vermag der Rezipient die gesellschaftlichen Probleme und Entwicklungen zu durchschauen.

b) Voraussetzungen der Partnerschaft

Aber wie soll der Rezipient ein kritischer Partner an diesem Zeitgespräch der Gesellschaft werden? Welche Voraussetzungen müssen dafür gegeben sein? Man wird von einem kasuistischen Verhaltenskatalog für den rechten Umgang mit dem verwirrenden Informationsangebot der Medien nicht allzuviel erwarten können. Doch auf jeden Fall tritt der individualethische Aspekt in diesem Bereich mit besonderer Schärfe hervor, denn Ethos ist im letzten immer Sache der menschlichen Person. Die Medienpädagogik hat längst erkannt, daß sich der Mensch gegenüber dem Angebot der Massenmedien genauso verhält, wie es seinem sittlichen Gesamtzustand entspricht. Es hat wenig Sinn, nur Symptome kurieren zu wollen, wenn der Mensch im Ganzen krank ist. In der Tat weist unsere ganze Gesellschaft pathologische Züge auf. Wir wissen aufs ganze nicht mehr, was richtig ist, Ärzte und Pädagogen werden täglich damit konfrontiert. Sie sollten, wie es große Ärzte früherer Jahrhunderte für ihre Zeit getan haben, auf der Basis ihrer Erfahrungen Entwürfe einer „Diätetik der Seele" erarbeiten.

Argumente auf der Basis schmerzlicher existentieller Erfahrungen tragen weiter als moralische Appelle. Vielleicht könnte von hier aus in besonders wirksamer Weise eine breite Bewegung für die grundlegenden Werte des Menschseins in Gang gebracht werden. – Ein paar abschließende Überlegungen sollen verdeutlichen, in welche Richtung eine Medienpädagogik gehen sollte, um die Menschen zu aktiven und kritischen Partnern der sozialen Kommunikation zu bilden.

Zuallererst ist eine *Grundentscheidung zur Spontaneität* anzustreben. Wer in seinem Leben generell sich anzupassen gewohnt ist, wer aus Bequemlichkeit, Angst oder Gewinnsucht sich von Wünschen und Erwartungen seiner Umgebung in Beschlag nehmen läßt, wer rundherum auf Ereignisse nur reagiert und sich nie zu spontanem Einsatz erhebt, kommt auch im Umgang mit Medien nicht zu eigenem Handeln. Nur wer in seinem Leben eine Grundentscheidung zur Spontaneität vollzieht, wird in den Rundfunkprogrammen nach wirklich Lebensdienlichem suchen, es sich in persönlicher Weise aneignen und sich dafür entscheiden. Er wird sich bewußt, daß es mit dem Recht auf Information auch eine Pflicht zur Information gibt. Der Rezipient muß sich den Zugang zu verschiedenen Quellen der Information verschaffen, die voneinander unabhängig sind und dadurch den einzelnen zuverlässiger unterrichten, die ihm überdies die Möglichkeit bieten, jeweils das herauszusuchen, was seinen persönlichen und sozialen Erfordernissen besonders entspricht. Dazu aber bedarf es einer Grundentscheidung zur Spontaneität.

Verantwortlicher Umgang mit den Medien setzt weiterhin voraus, daß der Mensch in seiner ganzen lebensgeschichtlichen Entwicklung *sich der Wirklichkeit zu stellen gelernt hat.* Viele Menschen sind ständig versucht, sich an der Wirklichkeit vorbeizudrücken, und gleiten so allmählich ins Leere und ins Phantastische ab. Sie flüchten sich in eine Scheinwelt, in der sie den Konflikten zu entgehen hoffen, und lassen nur Informationen an sich herankommen, die sie in ihrer Konfliktscheu bestätigen. Andere haben eine dermaßen unterentwikkelte eigene Lebensdynamik, daß sie nur durch die Automatik äußerer Reize und Anstöße überhaupt in Bewegung gebracht werden können. Auch sie sind unfähig, sich mit der Wirklichkeit redlich auseinanderzusetzen. Dadurch verkehrt sich auch ihr Umgang mit den Massenmedien. Sie suchen in den Programmen nach spektakulären Aktualitäten, nicht nach den unaufdringlichen Werten; sie bevorzugen aufregend-unterhaltsame Kontroversen anstatt der tragenden Gemeinsamkeiten; sie lassen sich mehr ansprechen durch sensationelle Negativmeldungen als durch Darstellungen geglückter Selbstverwirklichung und geglückter zwischenmenschlicher Kommunikation. Je mehr sich eine solche Grundeinstellung verdichtet und verhärtet, desto unwiderstehlicher wird das Gefälle zu jenen Informationsmedien, die mit ihrem Boulevardstil der menschlichen Sensationslust entgegenkommen. Diese leisten der Verschleierung der Wirklichkeit um so mehr Vorschub, als sie Lust und Kraft zur kritischen Orientierung zunehmend untergraben.

Es bedarf – drittens – *der Weckung von Freiheit und Selbstverantwortung.* Amerikanische Teste haben aufgewiesen, daß wenig mehr als 10% der Menschen im Laufe ihres Lebens zu wirklicher ethischer Eigenständigkeit und Selbstentfaltung kommen. Das ist keine neue Erkenntnis. Bernard Shaw hat schon gesagt: „5% der Menschen denken, 15% der Menschen glauben zu denken und 85% der Menschen würden lieber sterben als zu denken.“ Die meisten nehmen die Ereignisse ihres Daseins träge entgegen. Der sittlich erweckte Mensch dagegen übt sich im ganzen Vollzug seines Daseins geduldig und beharrlich in die Freiheit und Selbstverantwortung ein. Dadurch wird er auch fähig, die Mechanismen der medialen Manipulation zu durchschauen und sich wirksam von ihnen zu emanzipieren. Er lernt allmählich, Informationsprogramme nicht einfach unkritisch zu konsumieren, sondern sich mit ihnen auseinanderzusetzen, sie mit Kontrastprogrammen zu vergleichen, sie zu bestätigen oder zu kritisieren und alternative Vorschläge einzubringen.

Schließlich wird man feststellen müssen, daß der einzelne bei seinem Umgang mit den Massenmedien der *Sicherung in einer Gemeinschaft* bedarf. Keiner lebt für sich allein. Soziale Isolierung gefährdet die seelische Gesundheit und die geistige Standfestigkeit des Menschen. Wenn der einzelne sich in einem anonymen Kollektiv verloren fühlt, wirkt die tägliche Konfrontation mit einem Überangebot an Information und Unterhaltung zersetzend. Nur die Zugehörigkeit zu einer Gemeinschaft, mag sie noch so locker sein, vermittelt eine gewisse Sicherheit, weil solche Gruppen die verwirrenden Meinungen vorfiltern und dadurch eine Übersicht ermöglichen. Jeder gehört aufgrund von Sozialisationsvorgängen oder persönlichen Entscheidungen solchen Gruppen an; er bringt ihnen eine gewisse Vorleistung an Vertrauen entgegen, ohne daß er dadurch gezwungen wäre, sich in allem mit ihnen zu identifizieren. Wer nicht zum bloßen Konsumenten entarten, sondern aktiver Partner der Medien sein will, muß für gewöhnlich in solchen Gruppen geborgen sein und sich der von ihnen bereitgestellten Orientierungen bedienen.

Wo solche Verbundenheit im Umkreis der Familie, der Schule, der Jugendarbeit oder der Erwachsenenbildung sich ausdrücklich konkretisiert, können die Rezipienten auch ihre Rechte wirksamer zur Geltung bringen. Sie können verlangen, daß falsche oder fehlerhafte Informationen berichtigt, daß Auslassungen ergänzt, daß Entstellungen der Wirklichkeit zurechtgerückt werden. Auf diese Weise kann der einzelne, wenn er von Kritikern und Rezipienten unterstützt wird, seinen Beitrag zum Gespräch und zur Zusammenarbeit in der Gesellschaft leisten.

Je früher Erziehung und Selbsterziehung zum aktiven Partner der sozialen Kommunikation einsetzen, desto größer sind die Chancen, daß der Monolog im Bereich der Information sich zum fruchtbaren „Selbstgespräch der Gesellschaft" weiterentwickelt. Aus diesem Dialog können dann auch für die Selbstentfaltung der einzelnen wieder neue Impulse ausgehen. Die medienpädagogischen Bemühungen in der Familie, in der Schule und in allen Bildungsinstitutionen müßten diesem Ziel dienen. Die „Pastoralinstruktion über die Instrumente der sozialen Kommunikation" betont dies mit Nachdruck: „Leser,

Hörer und Zuschauer werden dann eine aktive Rolle spielen, wenn sie die Informationen richtig deuten und nach Ursprung und Zusammenhang bewerten, wenn sie diese gewissenhaft auswählen und kritisch beurteilen, wenn sie die Informationen gegebenenfalls aus anderen Quellen ergänzen und ohne Scheu Zustimmung, Zweifel oder Ablehnung äußern."

Schlußüberlegung

Jedenfalls bedarf es einer energischen Aktivierung der ethischen Kräfte des Menschen, weil ohne sie die Gefährdung der humanen Werte nicht bewältigt werden kann. Diese Forderung ist geschichtlich unaufschiebbar geworden; denn im Bereich der sozialen Kommunikation kommen heute die Ergebnisse der technologischen Entwicklung auf uns zu, die nicht mehr durch äußere Disziplinierungen, sondern nur durch ein Mehr an Freiheit und Selbstverantwortung dem Menschlichen dienstbar gemacht werden können. Wir können dies nicht aufhalten; sie werden uns auf allen Gebieten mit immer neuen Angeboten überschütten. Wir müssen lernen, vernünftig und sinnvoll mit ihnen umzugehen. Technologische Entwicklungen verbessern die Qualität des Lebens nur in dem Maße, als sie Vernunft und Freiheit herausfordern und entfalten.

Anmerkungen

[1] *Heinrich Henkel,* Einführung in die Rechtsphilosophie, München – Berlin 1964, S. 288.
[2] *Manfred Rühl,* Journalismus und Gesellschaft, Mainz 1980, S. 241.
[3] Ebd., S. 244.
[4] *Giselbert Deussen,* Ethik der Massenkommunikation bei Papst Paul VI., München – Paderborn – Wien 1973, S. 273f.
[5] *Rühl,* a.a.O., S. 366; *Deussen,* a.a.O., S. 291f.: „Mit der Übertragung von Begriffsbildungen der Regelkreistechnik, wie z.B. mit dem Begriff der

‚Reafferenz', auf die gesellschaftlichen Vorgänge technisch vermittelter Kommunikation mit ihrem Ineinander von unwillkürlichen und willkürlichen Handlungsprozessen entsteht ... anstelle des alten diffusen und undifferenzierten Begriffes der ‚Masse' das Bild einer sich in ihrer Pluralität selbst regulierenden, autonomen Kommunikationsgesellschaft."

[6] Zitiert bei *Rühl,* a.a.O., S. 262.

[7] Ebd., S. 359.

[8] *Deussen,* a.a.O., S. 309–315, hier S. 311 f., 313 f.; vgl. auch S. 276–282.

[9] Ebd., S. 292.

[10] *Rudolf Hofmann,* Das sittliche Minimum in der pluralen Gesellschaft, in: (Tübinger) Theologische Quartalschrift 149 (1969) S. 23–38, hier S. 30.

[11] *Deussen,* a.a.O., S. 176.

Lothar Späth

Raum der Kirche im Rundfunk

Vom politischen Auftrag der Christen

Die Position der beiden großen Kirchen zur Nutzung neuer Kommunikationstechniken, insbesondere im Bereich der Massenkommunikation, war über lange Zeit zurückhaltend und kritisch-restriktiv. Für die katholische Kirche in der Bundesrepublik Deutschland hat sich Bischof Dr. Georg Moser frühzeitig den medienpolitischen und wirkungswissenschaftlichen Herausforderungen der sogenannten „neuen Medien" gestellt, die bei näherem Hinsehen die „alten" Medien sind – allerdings mit neuen Inhalten, Gestaltungsmöglichkeiten, Chancen und Risiken. Als Medienbeauftragter der Deutschen Bischofskonferenz, der eigene journalistische und publizistische Erfahrungen einbringen konnte, hat Dr. Moser die pastoralen Aspekte kirchlicher Medienarbeit hierbei in den Mittelpunkt seiner Arbeit gestellt.

„Die Medien sind eine Realität in unserer Zeit und in unserer Gesellschaft. Man mag ihre Funktion unterschiedlich sehen, beschreiben und analysieren. An der Existenz der Medien und ihrer Wirkkraft kommt man nicht vorbei. Als eine Wirklichkeit des Lebens verdienen sie daher unsere volle Aufmerksamkeit." Mit dieser Aussage, die einem Beitrag aus dem Jahr 1980 entnommen ist (Arbeitshilfen Heft 20 vom 23. September 1980, herausgegeben vom Sekretariat der Deutschen Bischofskonferenz), hat der Medienbeauftragte der katholischen Kirche frühzeitig eine Weichenstellung für die offensive Nutzung neuer Medienangebote, sei es im Hörfunk oder im Fernsehen, vorbereitet.

Die Theologie hat die Frage der medialen Kommunikation

lange Zeit nur unzureichend berücksichtigt und sehr spät entsprechende praktische Konsequenzen aus der Aufarbeitung von Defiziten gezogen. Die Chancen der Kirche, durch die größere Meinungsvielfalt im Zeitalter der Medienkonkurrenz einen eigenen, publizistischen Beitrag leisten zu können, sind in praktische Projekte und journalistische Realität umgesetzt worden. Wenn in den rund 70 lokalen und regionalen Hörfunksendern, die in Baden-Württemberg auf der Grundlage des Landesmediengesetzes an private Veranstalter vergeben worden sind, die katholische Kirche regelmäßig mit eigenen Sendungen beteiligt ist, so wird damit die Chance zu einer Intensivierung kirchlicher Medienarbeit in vorbildhafter Weise genutzt.

Daß dabei der Kommunikationsvorgang auf der Nachbarschaftsebene, in der Nahwelt, im Vordergrund steht und durch die Entwicklungen der elektronischen Medien erst erschlossen worden ist, hat insbesondere die katholische Kirche rechtzeitig erkannt und durch weitsichtige Redaktionskonzepte umgesetzt. Die praxisbezogene Medienarbeit, die stets das Berufsbild des christlichen Journalisten in die kirchlichen Maßnahmen einbezieht, ist von Bischof Dr. Moser frühzeitig als vordringlich angesehen worden.

Der Kritik an einer nachhaltigen Beeinflussung von Normen und Wertvorstellungen durch ein Überangebot technischer Mittel der Kommunikation hat die Deutsche Bischofskonferenz stets auch die pastorale Chance einer selbstgestalteten und verantworteten Mitarbeit an neuen Medientechniken und Kommunikationsangeboten gegenübergestellt. Die behutsame Öffnung für die Chancen einer neuen, dualen Medienlandschaft, deren Probleme überhaupt noch nicht ausgelotet sind, hat sich leiten lassen von der journalistischen Verantwortung für eine religiöse Dimension in den elektronischen Medien. Daß dabei die bürgernahe Berichterstattung, die Seelsorge vor Ort und nicht die bloße Darstellung kirchlicher Aktivitäten in den Mittelpunkt der Medienarbeit gestellt wird, ist vor allem dem christlich verantworteten, journalistischen Grundansatz zu verdanken, den der Medienbeauftragte der

Deutschen Bischofskonferenz mit Vehemenz und Überzeugung stets vertreten hat.

Ich möchte in diesem Zusammenhang einige Anmerkungen machen zum Verhältnis von Kirche und Staat in einer pluralistischen Demokratie, mit anderen Worten: ich will einiges dazu sagen, wie ein öffentlicher und damit im weiteren Sinn politischer Auftrag der Kirche in unserer gegenwärtigen Welt zu verstehen und zu begründen ist.

Beginnen wir mit der historischen Feststellung, daß weltliche und geistliche Geschichte in Europa über viele Jahrhunderte fast identisch waren und daß die kulturelle Überlieferung auch dieses Landes über weite Strecken eine christliche ist. Das ändert freilich nichts daran, daß heute Kirche und Staat voneinander unabhängig sind. Dabei bedeutet die Eigenständigkeit des Staates nicht unbedingt eine Eigengesetzlichkeit des Staates. Zweifellos ist der Staat des Grundgesetzes ein wertpluraler Staat, aber keineswegs ist er wertneutral und schon gar nicht wertfrei. Vielmehr gründet er auf Grundwerten, die ihm vorgegeben sind und die sich der Verfügbarkeit auch durch eine noch so große Mehrheit entziehen. Was auch anderswo gilt, hat bei uns den Rang einer Verfassungsnorm erhalten, die als unmittelbar geltendes Recht alle bindet.

Diese Grundwerte – Würde des Menschen, Freiheit der Person – gehen zurück auf die christliche Vorstellung vom Menschen, wie denn die christliche Überlieferung überhaupt einen ganz wesentlichen Beitrag zu dem geistigen und sittlichen Fundament unseres Staates und unserer Gesellschaft geleistet hat, auch wenn manche Wertvorstellungen im Lauf der Zeit säkularisiert worden sind.

Die Gefährdungen, die in dieser Säkularisierung stecken, sind freilich für uns Christen offenkundig. Das beginnt schon dabei, daß sich viele Bürger zwar zu den geltenden Wertvorstellungen bekennen, aber nicht bereit sind, das eigene Handeln an den in ihnen enthaltenen Forderungen auszurichten. In einer gemeinsamen Erklärung des Rates der Evangelischen

Kirche in Deutschland und der Deutschen Bischofskonferenz über „Grundwerte und Gottes Gebot" von 1980 heißt es denn auch: „Die seit einigen Jahren immer deutlicher werdende Orientierungskrise der Gesellschaft weist darauf hin, daß eine vorwiegend zweckhafte Behauptung von Werten der Belastung durch ernste Rückfragen nicht standhält."

Von hier aus ergibt sich auch politisch ein Auftrag der Kirche, für Wort und Wahrheit einzustehen. Gerade eine vorwiegend an materiellen Gütern und individuellen Freiheiten orientierte Gesellschaft braucht eine Institution, welche die Fragen nach der Humanität, nach dem Wesen des Menschen und dem Sinn des Lebens geltend macht, kurzum: sie bedarf der Kirche. Die Orientierungskrise unserer Gesellschaft führt dazu, daß viele Menschen unter einem Sinndefizit leiden und ihre Identität einzubüßen drohen. Hier ist gerade auch geistliche Hilfe vonnöten.

Das geistige Vakuum, die seelische Entleerung, die wir heute vielfach antreffen – sie enthalten indessen auch eine Chance, weil sie eine Offenheit enthalten. Eine Chance gerade auch für die Kirche, für ihre Verkündung und ihren Dienst. Gerade wenn die Kirche ihren ureigenen geistlichen Auftrag ernst nimmt – gerade dann und vor allem dann wird sie auch politisch wirksam. Denn dann erfüllt sie Gesellschaft und Staat mit jenem Leben, das diese aus sich selber nicht beziehen können, auf das sie aber angewiesen sind, wenn sie bestehen wollen.

Damit wollen wir keineswegs nach einer Phase der Klerikalisierung der Politik – die freilich *eher* ein Problem der katholischen Kirche war – nunmehr einer Phase der Politisierung des Klerus – die freilich *eher* ein Problem der evangelischen Kirche ist – das Wort reden. Vielmehr haben wir, gerade auch in der Aufarbeitung des Luther-Jahres, allen Grund, uns an Luthers Unterscheidung der zwei Reiche zu erinnern, des Reiches des Heils und des Reiches der Vernunft, die freilich beide, das geistliche wie das weltliche Reich, Gottes Reiche sind, auch wenn er in ihnen seine Herrschaft auf unterschiedliche Weise ausübt. Diese Unterscheidung – so meine ich – bedeutet heute auch für Katholiken einen wesentlichen Markierungspunkt im Nachdenken über das Verhältnis von Glaube und Politik.

Von hier aus kommen wir dann zu einer weiteren Entscheidung: Dem politischen Auftrag der Kirche entspricht ein geistlicher Auftrag der christlichen Politiker. Ich sage bewußt: der einzelnen christlichen Politiker, nicht einer christlichen Politik, die es nicht gibt und nicht geben kann. Andererseits muß bewußt vom politischen Auftrag der Kirche gesprochen werden, nicht der einzelnen Kirchenmänner und -frauen, sowenig diese als Bürger daran gehindert sind, ihre politische Meinung zu haben.

Insofern vollzieht sich der politische Auftrag der Kirche auf eine andere Art und Weise als bei den verantwortlichen Politikern. Die kirchliche Verkündigung und der kirchliche Dienst sind zwar ein unbestrittenes Politikum, weil sie sich an die Öffentlichkeit wenden und in der Öffentlichkeit vollziehen. Aber im Sinn der Lehre von den zwei Reichen gehören Verkündigung und Dienst doch zuerst und vor allem dem geistlichen Reich, dem Reich des Heils an. Sicherlich, die Grenzen verlaufen zuweilen durchaus fließend. Was der frühere badische Landesbischof Professor Heidland einmal in einem Brief an die Pfarrer und Pfarrerinnen so ausgedrückt hat: „Unbedingte Golddeckung besitzt unser Wort nur für die Verkündung des Heilshandelns Gottes." Und in einem anderen Brief an die kirchlichen Mitarbeiter hat Heidland davor gewarnt, „daß wir nicht den Kredit, den wir durch unseren Dienst am Evangelium besitzen, für die Propagierung unserer politischen Meinungen und Einsichten ausnützen. Wir nutzen ihn in Wahrheit nicht nur aus, sondern ab." Wer da meinen möchte, daß sich hier vor allem evangelische Geistliche angesprochen fühlen sollten, der denke in diesem Zusammenhang nur an manche sogenannte Befreiungstheologen in Lateinamerika und anderswo.

In einer politisch pluralistischen Gesellschaft können auch die Christen ihren Anspruch auf politische Gestaltung nicht anders als mit allgemein einsichtigen Argumenten vertreten. Um es mit Martin Honecker, dem evangelischen Bonner Sozialethiker, zu sagen: „Gerade die im christlichen Glauben beschlossene Entmachtung des Staates, letzte verbindliche Autorität zu sein, gibt den Staat frei. Sie setzt ihn zwar nicht frei von ethischen Bewertungen, wohl aber gewährt sie ihm die Freiheit zu pragmatischer, zweckdienlicher Gestaltung politischer Verhältnisse." Aber auch die katholische Kirche hat eine größere Klarheit über ihre Zuständigkeit gewonnen. Den vorläufigen Höhepunkt dieses Reflexionsprozesses bildet das zweite Vatikanische Konzil. Die Kompetenz der Kirche bezieht sich „nicht auf den politischen, wirtschaftlichen oder sozialen Bereich". Der christliche Glaube und seine sittlichen Normen enthalten keine Handlungsanweisungen für die Lösung der konkreten Fragen der Wirtschafts- und Gesellschaftsordnung. Wenn sich einzelne Katholiken oder Amtsträger zu solchen Problemen äußern, gelten ihre Stellungnahmen soviel wie ihr Sachverstand und wie die Argumente, die sie beibringen. Die Autorität des christlichen Glaubens oder eines kirchlichen Amtes kann dafür nicht in Anspruch genommen werden. Deswegen spricht das Konzil ausdrücklich davon, daß Meinungsverschiedenheiten in diesen Bereichen unter Katholiken nicht nur möglich, sondern legitim sind.

Angesichts von immer wieder laut werdenden Forderungen, die Christen beider Konfessionen sollten zu den drängenden Problemen der Zeit wie Abrüstung, Arbeitslosigkeit oder Umweltpolitik klare Positionen erarbeiten, führt der Jesuit Wolfgang Seibel, Chefredakteur der „Stimmen der Zeit", aus: „Alle diese Versuche müssen jedoch scheitern. Aus den Grundsätzen des Glaubens ergeben sich keine eindeutigen Lösungen für die Probleme im Bereich von Gesellschaft, Wirtschaft und Politik. Der Friede, das Leben sind höchste Güter, für den Christen in Gott selbst begründet und damit jeden unbedingt verpflichtend. Wie jedoch der Friede in der jeweiligen Situation am besten zu sichern ist, mit welchen Gesetzen der Staat das Leben schützen soll, das sind Fragen, auf die der christliche Glaube keine Antwort gibt. Sie müssen jeweils nach bestem Wissen und Gewissen gelöst werden."

Der christliche Politiker in einem pluralistischen, säkularisierten Staat muß also seine im Gewissen gebundenen, vor Gott zu verantwortenden Entscheidungen und Handlungen zugleich vor seinen Mitbürgern – den christlichen wie den nichtchristlichen – rational begründen. Dabei steht er in einer dialektischen Spannung zwischen Wollen und Warten, zwischen Glaube und Geduld. Der politisch verantwortliche Christ leistet im Bestehen und Aushalten dieser Dialektik einen Dienst auch für alle anderen Bürger, weil er in der Bindung seines Gewissens an Gott dazu beiträgt, jene Fundamente zu schützen und zu wahren, auf denen unsere staatliche Ordnung aufbaut. Dies geschieht im Wissen darum, daß auch der Staat unter einer Verpflichtung steht, deren Herr er nicht ist.

Ich habe schon darauf hingewiesen, daß Grundwerte wie die „Würde des Menschen" und die „Freiheit der Person", auf die unser Grundgesetz ausdrücklich gründet, ursprünglich christliche Einbringungen sind. In der Tat leiten sie sich in ihrer geschichtlichen Ausbildung innerhalb der abendländischen Entwicklung ganz wesentlich von der Gottebenbildlichkeit des Menschen ab. Daß Gott den Menschen nach seinem Bild geschaffen hat, das eben konstituiert seine Würde und Freiheit. Und daß auf diese Weise alle Menschen vor Gott gleich sind, führt konsequenterweise zur Gleichheit aller Menschen vor dem Recht.

Bürgerfreiheit und Bürgergleichheit als christliche Einbringungen – ich kenne die Einwände, die hier zu kommen pflegen: daß die christliche Geschichte lange Perioden der Unfreiheit und Ungleichheit zu verzeichnen habe, daß so manche Freiheiten und Rechte der Kirche oder den sich für christlich ausgebenden Staaten erst mühsam und unter Opfern abgerungen werden mußten. Aber der Gang der christlichen Wahrheit durch die Geschichte ist ein eigen Ding, und auch die christliche Wahrheit unterliegt dem Gesetz von Entfaltung und Differenzierung – was nichts daran ändert, daß sie im Glauben jeweils ganz ergriffen werden kann.

In diesem Zusammenhang sind einige Sätze wichtig, die Joseph Kardinal Ratzinger in einem Aufsatz „Der Mut zur Unvollkommenheit und zum Ethos" in der „Frankfurter Allgemeinen" geschrieben hat. Er sagt dort u. a.: „Wir müssen uns heute mit aller Entschiedenheit wieder klarmachen, daß weder Vernunft noch Glaube irgend uns verheißen, daß es einmal eine perfekte Welt (im innerweltlichen Sinn) geben wird. Es gibt sie nicht ... Für den Fortbestand der pluralistischen Demokratie, also für den Fortbestand und die Entwicklung eines menschenmöglichen Maßes an Gerechtigkeit ist es dringend, den Mut zur Unvollkommenheit und die Erkenntnis der stetigen Gefährdung der menschlichen Dinge wieder zu erlernen. Nur jene Programme sind moralisch, die diesen Mut wecken. Unmoralisch ist daher umgekehrt jener scheinbare Moralismus, der sich nur mit dem Vollkommenen zufriedengeben will."

Ratzinger spricht dann davon, daß Kirche sich gleichwohl nicht in die Repräsentanz eines „religiösen Bedürfnisses" zurückziehen dürfe, sondern sich verstehen müsse „als Ort einer absoluten, den Staat überbietenden Öffentlichkeit unter dem legitimierenden Anspruch Gottes", wobei man sich freilich klar sein müsse, daß gerade dieses Selbstverständnis in der Sphäre des staatlichen Rechts keine adäquate Darstellung finden könne: „Wir stehen vor einer Aporie: Wenn die Kirche diesen Anspruch aufgibt, bewirkt sie auch für den Staat nicht mehr, was er von ihr braucht. Wenn der Staat ihn aber annimmt, hebt er sich als pluralistischer auf, und dabei verlieren dann Staat und Kirche sich selbst."

Ratzinger führt dann aus: „Im allgemeinen ist aber in der gegenwärtigen Welt klar, daß der Öffentlichkeitsanspruch des Glaubens Pluralismus und religiöse Toleranz des Staates nicht beeinträchtigen darf. Aber daraus kann nicht eine völlige Wertneutralität des Staates hergeleitet werden. Er muß erkennen, daß ein Grundgefüge von christlich fundierten Werten die Voraussetzung seines Bestehens ist. Er muß in diesem Sinne sozusagen einfach seinen historischen Ort erkennen, den Erdboden, von dem er sich nicht gänzlich lösen kann, ohne zu zerfallen. Er muß lernen, daß es einen Bestand von Wahrheit gibt, die nicht dem Konsens unterworfen ist, sondern ihm vorausgeht und ihn ermöglicht."

Dieses uns in dem gegebenen Zusammenhang wieder bewußt zu machen war der Sinn meiner Anmerkungen über das Verhältnis von Kirche und Staat. Ich meine, daß in dem so abgesteckten Rahmen auch die Chancen und Probleme der kirchlichen Mitarbeit an den neuen Medien angesiedelt sind. Und ich glaube zu wissen, daß auch Bischof Dr. Moser das so sieht.

Wilhelm Schätzler

Menschendienlichkeit als Grundprinzip kirchlicher Medienarbeit

Einer Persönlichkeit wie Bischof Moser zu begegnen ist eine Erfahrung, die man festhalten möchte. Dies um so mehr, als, wie ich glaube, in den Jahren von 1972 bis 1983, in denen ich als Sekretär der Publizistischen Kommission mit ihm, dem Vorsitzenden der Kommission, zusammenarbeiten durfte, für die kirchliche Medienarbeit bedeutsame Entwicklungen in Gang gesetzt wurden und wichtige Entscheidungen zu treffen waren. Diese Entscheidungen, sosehr sie vor allem nach gründlich erörterten und bedachten Sachgesichtspunkten zu treffen waren, lassen aber durchweg eine ganz bestimmte Prägung erkennen, die wesentlich von der Persönlichkeit von Bischof Dr. Georg Moser mitbestimmt war. Diese wesentlich humane, pastorale und priesterliche Ausrichtung artikuliert sich durchgehend sowohl in seinen offiziellen Stellungnahmen als auch in seinen eher beiläufigen schriftlichen oder mündlichen Äußerungen. Er ist, wie er es selbst unprätentiös ausdrückt, „für die Leut'" da. In seinen Wappenspruch gefaßt klingt das dann programmatischer: Ut habeant vitam – Damit sie das Leben haben (Joh 10, 10). Seine Leitmotivation für das gesamte kirchliche Wirken im Medienbereich kann man mit einer gewissen Berechtigung in den Begriff „Menschendienlichkeit" zusammenfassen. Bischof Moser erläutert ihn in einem SDR-Interview zum Mediensonntag 1983: „Ich habe seit langem innerhalb der Diskussion um die alten und neuen Medien den Begriff der Menschendienlichkeit eingebracht, einen Begriff, mit dem ich sagen möchte: Unser allererstes Prinzip ist, daß die Medien dem Menschen dienen müssen. Das ist die eigentliche Nagelprobe, ob und zu welchem Maß Medien den Menschen als ganzen Menschen, sowohl individuell wie auch in ihrem sozialen Gefüge bis hin zu wirtschaftlichen und industriellen Prozessen und Arbeitsgängen dienlich sind." [1]

Im folgenden wird der Spur der „Menschendienlichkeit" nachgegangen, die sich in Dokumenten und Zeugnissen medienpolitischer Äußerungen der Jahre 1972 – 1983 wiederfindet. Die Spur endet nicht im Jahr 1983; sie geht weiter bis in die Gegenwart und sicher auch in die Zukunft.

1. Einstieg

Der damalige Weihbischof von Rottenburg, der er erst seit eineinhalb Jahren war, konnte nicht allmählich in die kirchliche Medienarbeit einsteigen, wenigstens nicht in die „große", spektakuläre. Durch die Erkrankung seines Diözesanbischofs Dr. Carl Joseph Leiprecht mußte er kurzfristig an dessen Stelle den Vorsitz in der Publizistischen Kommission übernehmen. Für Medien hat er sich nachweislich schon zu Beginn der sechziger Jahre interessiert. Sein damals publizierter Beitrag „Das geistliche Wort im Fernsehen", gemeint ist die Sendereihe „Wort zum Sonntag", hat seinen konkreten Wert bis heute ungemindert behalten [2]. Weihbischof Moser hatte sich damals im Auftrag der Publizistischen Kommission der Deutschen Bischofskonferenz in der Synodenaula zu jenem denkwürdigen „Publik"-Tag, am 11. Mai 1972, zu Wort zu melden und das „Publizistische Sofortprogramm" zu verkünden. Gewiß war er nicht der alleinige Urheber. Viele haben dazu beigetragen. Aber mit diesem Sofortprogramm begann, wie ein verläßlicher und engagierter Zeitzeuge wie Professor Dr. Otto B. Roegele zehn Jahre danach schreibt, „ein neuer Abschnitt der kirchlichen Medienarbeit in Deutschland" [3]. Nicht nur der Inhalt dieses Sofortprogramms war wichtig, sondern es kam auch darauf an, gegen das Publik-Trauma, wie es sich damals schon anbahnte, die Glaubwürdigkeit der Deutschen Bischofskonferenz zu stärken und die Verläßlichkeit ihrer Maßnahmen durch ein überzeugendes publizistisches Programm zu belegen.

Denn die Bischöfe waren ja bereit, „das Mögliche zu realisieren, nicht um einen wortreichen, bunten Blumenteppich über das verblichene ‚Publik' auszubreiten", sondern um „konkrete, die Situation verändernde und bessernde Schritte" zu unternehmen[4].

Der wesentliche Inhalt dieses Sofortprogramms muß hier wohl, wenigstens stichwortartig, referiert werden:

- Es galt, die kirchliche Medienarbeit besser zu organisieren;
- Ein Dokumentationszentrum für kirchliche Inhalte sollte effiziente kirchliche Pressearbeit unterstützen;
- die Katholische Nachrichten-Agentur sollte ausgebaut werden;
- fördernde Unterstützung der kirchlichen Presse sollte konkretisiert werden;
- die kirchliche Aus- und Weiterbildungsarbeit im Bereich Publizistik war zu organisieren.

Hier ist zwar nicht der Ort, diesen Forderungen eine Leistungsbilanz gegenüberzustellen, aber es ist zweckmäßig, zum besseren Verständnis den Stand der Realisierung dieses Sofortprogramms aufzuzeigen:

- Errichtung der Zentralstelle Medien der Deutschen Bischofskonferenz (1. 1. 1976) sowie Einrichtung einer eigenen Pressestelle im Sekretariat der Deutschen Bischofskonferenz;
- kontinuierlicher Ausbau der KNA ist erfolgt und erfolgt weiter;
- Gründung der Medien-Dienstleistung GmbH (MDG) 1975;
- das Institut zur Förderung publizistischen Nachwuchses e. V. wurde zwar schon 1969 gegründet, aber seine Förderung und sein Ausbau haben durch das Sofortprogramm neue Impulse erfahren. Darüber hinaus wurde neben der Stipendiatenförderung in Zusammenarbeit mit der MDG eine Volontärausbildung eingerichtet.

Ebenfalls im Zusamenhang mit der publizistischen Neustrukturierung im Sinne des Sofortprogramms sind auch die beiden Wettbewerbsstiftungen zu sehen: Katholischer Journalistenpreis und Katholischer Kinderbuchpreis (realisiert 1974 bzw. 1977).

Das Sofortprogramm und seine „durchweg recht zügige und erfolgreiche Ausführung" hat durch Bischof Moser deutliche und kennzeichnende Impulse erfahren [5]. Es war so recht nach Bischof Mosers Art, hier an konkreten Maßnahmen das Interesse und die pastorale Sorge der Bischöfe im Bereich der Publizistik sichtbar zu machen. Hier ist eine überschau- und konkret terminierbare Aufgabe angegangen und gelöst worden. Dabei kam es weniger auf langfristige Planungstreue als auf konkrete Sachgerechtigkeit an. Und diese Sachdienlichkeit ist im Kern immer die „Menschendienlichkeit" gewesen. Kennzeichen dieser Maßnahmen waren ihre Praxisnähe, die Flexibilität in den Detailfestlegungen und nicht zuletzt auch ihre Revidierbarkeit. Dieser Konzeptions- und Realisierungsstil hat den Vorteil, auch weniger vorhersehbare Entwicklungen zu berücksichtigen. Und es muß festgestellt werden, daß die von Experten prognostizierte Medienentwicklung nur zu Teilen eintrifft, so daß notwendigerweise auch mittelfristige Planungen korrigiert werden müssen. Dies alles setzt wache und verläßliche Aufmerksamkeit voraus. Medienpolitisch bedeutet das: Die katholische Kirche hat sich eher für die kontinuierliche Fortschreibung des *Sofortprogramms* und nicht für einen langfristigen *Gesamtplan* entschieden.

Das heißt nicht, daß Bischof Moser für ein „Von der Hand in den Mund"-Konzept eintreten würde. Er weiß, und er hat es immer wieder angemahnt, daß es nicht hinreichend sei, nur zu *re*-agieren und den Entwicklungen und Ereignissen hinterherzulaufen. Zudem weiß er, daß man als guter Planer auch die „Kosten" zu berechnen und sich im Bereich der gegebenen Möglichkeiten zu bewegen hat. Und selbst da ist er als Realist und sparsamer Schwabe durchaus nicht bereit, alles zu machen, nur weil es „machbar" ist.

2. Strukturen

Schon seit dem Konzil und vor allem zu Beginn der siebziger Jahre wurde nach einer Neustrukturierung der kirchlichen publizistischen Einrichtungen gesucht. Es galt, deren Effizienz zu steigern, die Kräfte zu konzentrieren. Die Pastoralinstruktion „Communio et Progressio" (CeP) von 1971 konnte naturgemäß hier nur allgemeine Forderungen aufstellen – sie hat dies auch getan (Nr. 162, besonders 169, 172–180) –, die von den Ortskirchen zu konkretisieren sind.

Im Verlauf seiner langjährigen Tätigkeit innerhalb der Publizistischen Kommission ist Bischof Moser bewußt geworden, daß noch so kluge Beschlüsse nur so viel wert sind wie die konkreten Möglichkeiten, sie zu verwirklichen. Unverzichtbare Voraussetzungen hierfür sind strukturelle Instrumentarien und eine klare und transparente Verantwortungsstruktur. Bischof Moser hält wenig von rein formaler Zuweisung von Aufgaben an Instanzen. Er will, daß etwas wirklich und effektiv getan wird. „Wie sieht das denn aus? Was kostet's? Wer macht's?" Das sind immer wieder seine Fragen. Vorhandene Strukturen sollen genützt, und es sollen nicht ohne Not neue geschaffen werden. Keine ‚Wasserköpfe' züchten.

Eine Zusammenfassung der Kräfte kirchlicher Medienarbeit hat sich angeboten. Wenn es in CeP Nr. 169 heißt, in jedem Land müsse es entweder eine nationale Hauptstelle für die Kommunikationsmittel geben, in der die einzelnen Sachgebiete zusammengefaßt sind, oder Hauptstellen für jedes einzelne Sachgebiet (Presse, Film, Hörfunk und Fernsehen), die dann aber eng zusammenarbeiten – und in jedem Fall soll die gesamte Medienarbeit einer einzigen „Oberleitung" unterstehen –, so entspricht das genau den Vorstellungen, wie sie in der Publizistischen Kommission zu Beginn der siebziger Jahre allmählich entwickelt wurden. Schon jahrelang gab es „Hauptstellen". Aber nun galt es, sie zunächst zu einer Arbeitsgemeinschaft zusammenzuführen. Denn sie waren an verschiedenen Orten gelegen: in Köln (Film und Bild), in Bonn (Hörfunk), in Frankfurt (Fernsehen); die Presseaufgaben wurden von Münster aus wahrgenommen, ohne daß dafür eine eigene Hauptstelle bestand. Als es sich dann als erforderlich erwies, dem Sekretariat der Deutschen Bischofskonferenz einen festen Standort zu geben und in seiner Nähe auch die für dessen Arbeit erforderlichen Fachreferate (zugleich als Sekretariate der Bischofskommissionen) anzusiedeln, begann auch die konkrete Planung einer Zentralstelle für Medien. Die verschiedenen Hauptstellen sollten dieser Zentralstelle als Fachreferate eingegliedert werden. Die Zentralstelle Medien sollte vom Sekretär der Publizistischen Kommission, der zugleich Referent für Medienfragen im Sekretariat der Deutschen Bischofskonferenz ist, geleitet werden.

Auf dem Papier sah das logisch aus. Aber es gab auch Bedenken. War es z. B. für die zu leistenden Aufgaben der katholischen Rundfunkarbeit oder für die Filmarbeit zuträglich, in dieser engen An- und Einbindung in die zentralen kirchenamtlichen Strukturen die ihnen zugewachsenen Funktionen der Koordination diözesaner und – wie etwa vom Rundfunkwesen her föderaler – Strukturen wahrzunehmen? Würde sich ein Referat für Presse für die vorhandenen kirchlichen Pressestrukturen als hilfreich erweisen? Wie kann die kirchliche Filmarbeit ihre Anliegen sichtbar und realisierbar machen – und, wie vermag die kommunikationspädagogische Aufgabenstellung sich in das Spektrum kirchlicher Verantwortung für das zwar bundesweite, aber dennoch diözesan unterschiedlich akzentuierte Mediengeschehen einzubringen?

Es würde zu weit führen und den Rahmen dieses Beitrags sprengen, wenn all die Einzelschritte, die oft mühsam kleineren oder größeren „Überzeugungsaktionen" beschrieben werden sollten, die innerhalb und außerhalb der Sitzungen der Publizistischen Kommission notwendig waren, um Hindernisse vor dem Ziel einer nun einmal unumgänglichen Neustrukturierung aus dem Weg zu räumen und – was besonders Bischof Mosers „Methode" entsprach – zu kleineren oder größeren „Experimenten" oder „Wagnissen" zu ermutigen. Aber es bleibt unbestreitbar, daß es zu einem bedeutenden Teil dem „Überzeugungsgeschick" des amtierenden Vorsitzenden zu verdanken war, wenn schwierige Etappen zurückgelegt werden konnten. Natürlich ging es da nicht ausschließlich um Finanzen oder komplizierte Kompetenzzuweisungen. Es ging auch und besonders um Personen. Es galt, die geeigneten Referenten zu finden, ihnen ein klar umgrenztes Aufgabengebiet in einer neuen – noch keinesfalls erprobten – Organisationsstruktur zuzuweisen. Auch hier hat sich die Persönlichkeit des (inzwischen, d.h. seit 1975) Vorsitzenden der Publizistischen Kommission in ihrer warmherzigen Menschlichkeit und Offenheit auch für ganz persönliche Gesichtspunkte und Rücksichten bewährt.

3. Entwicklungen

Man könnte meinen, die Neustrukturierung kirchlicher Medienarbeit sei Ergebnis eines besonders präzisen Timings gewesen, da sie exakt zur rechten Zeit erfolgt ist. Selbst wenn sie für manche zu spät gekommen sein sollte und in den Augen anderer überflüssig (weil „zentralismusverdächtig") schien, so brauchte die Publizistische Kommission der Deutschen Bischofskonferenz doch dringend ein arbeitsfähiges Sekretariat, dem ein kontinuierliches Arbeiten mit seinen Fachreferaten zugemutet werden konnte. Die technischen und medienpolitischen Entwicklungen waren zu augenfällig, als daß sie nicht eine ernsthafte Herausforderung an die Kirche dargestellt hätten. Es galt Stellung zu nehmen und über das Verbale hinaus kirchliche Aktivitäten zu planen. Sobald also die sogenannte Kommission für Kabeltelekommunikation (KtK) nach zweijähriger Beratung ihren Abschlußbericht veröffentlicht hatte, meldete sich der Vorsitzende der Publizistischen Kommission, Bischof Dr. Georg Moser, am 3. Februar 1976 zu Wort mit einem kurzen, vorsichtigen, aber dennoch eindeutigen Statement. Er begrüßt den Grundtenor des KtK-Berichts, der einer Förderung personaler Kommunikation die Priorität zuspricht, und er erklärt, die katholische Kirche sei bereit, bei den im KtK-Bericht empfohlenen Pilotprojekten „schon in der Entwicklungsphase" mitzuwirken. Es spricht für den Realitätssinn von Bischof Moser, daß er zweierlei in dieser Erklärung mit ernster Deutlichkeit anmahnt: einmal die neue Telefongebührenordnung für den Ortsbereich, durch die, wie er erklärt, die „menschlichen Kontakte für alte und kranke Menschen erschwert werden sollen". Denn, so heißt es weiter in der Erklärung, „gerade diese Menschen brauchen doch besonders den Kontakt, der nun nicht einer antihumanen politischen Entscheidung geopfert werden darf! Ausschließlich wirtschaftliche Argumentation darf nicht maßgeblich sein, wenn es um das Schicksal von Menschen und um Lebenshilfe für sie geht."[6]

Der zweite Punkt, den er kritisch anmerkt, betrifft den Arbeitskreis 1 der KtK-Kommission, dem die Beschäftigung mit der Frage um „Bedürfnisse und Bedarf für Telekommunikation" aufgegeben war. Er stellt fest, daß bei der Erörterung dieses Problemkreises Religion und Kirche unberücksichtigt geblieben seien; der Problemkatalog sei gekennzeichnet gewesen durch ein überwiegend ökonomisches und politisches Denken. „Die Schmalspurigkeit eines solchen Ansatzes berücksichtigt weder die religiösen Bedürfnisse der Person noch die spirituellen Aufbaukräfte der Gesellschaft. Wo bleibt da die Chancengleichheit für alle wesentlichen Lebensinhalte? Diese Blickverengung in den dargelegten Vorhaben sollte im Respekt für die umfassenden Belange von Mensch und Gesellschaft überwunden werden."[7]

Hier kommt das Grundanliegen wiederum zum Vorschein, das Bischof Moser von Anfang an in seinen medienpolitischen Äußerungen verfolgt und auch in den kommenden Jahren immer wieder mit Nachdruck und Dringlichkeit artikuliert. Es weist seine Einstellung hierzu als ein im wesentlichen pastorales Medienverständnis aus und gipfelt in der Maxime, die sich ebenfalls im Text dieser ersten Stellungnahme findet: „Der sicherlich wünschenswerte Ausbau des technischen Kommunikationssystems darf andere soziale Belange nicht beeinträchtigen oder gefährden. Technischer Fortschritt um jeden Preis ist menschenunwürdig."[8]

Unter diesem Leitgedanken beschäftigte sich die Publizistische Kommission weiterhin eingehend mit dem Problem der Kabelpilotprojekte und entschloß sich, die Ergebnisse dieser Überlegungen auch in das öffentliche Gespräch einzubringen; und zwar dort, wo es für den Planungsverlauf der Pilotprojekt-Realisierungen am wirksamsten schien, nämlich bei der Ministerpräsidentenkonferenz der Länder. In einem Schreiben an deren damaligen Vorsitzenden, den bayerischen Ministerpräsidenten Dr. Alfons Goppel, bekräftigte der Vorsitzende der Publizistischen Kommission, Bischof Dr. Georg Moser, die Auffassung der Kommission, wonach „neben technischen und wirtschaftlichen Problemen vorrangig die Fragen berücksichtigt werden (sollten), die die Situation des einzelnen und das Zusammenleben der Menschen berühren“[9]. Es sei, heißt es in diesem Schreiben vom 18. Juli 1977, eine offene Frage, ob es im Hinblick auf den Dienst am Menschen überhaupt sinnvoll sei, den technischen Fortschritt des Kabelfernsehens zu nutzen. Leider sei es eine Tatsache, daß Planungen und Diskussionen um die Breitbandkommunikation am Menschen und seinen gesellschaftlichen Belangen vorbeigingen. In dieser Diskussion dürften nicht nur organisatorische, wirtschaftliche und technische Fragen eine Rolle spielen. „Wir wollen vor allem erörtert wissen, ob und wie diese technische Entwicklung zum Besten des Menschen gesteuert werden kann. Die unmittelbaren Beziehungen der Menschen untereinander dürfen durch dieses neue Kommunikationssystem nicht gefährdet werden.“ Bischof Moser bringt die Befürchtung zum Ausdruck, auch diese neuen Kommunikationsformen könnten „die Passivität des Medienkonsums“ nicht nur nicht abbauen, sondern womöglich noch verstärken; der einzelne werde zunehmend durch sie manipuliert. „Die Zielvorstellungen, die dem Aufbau dieser neuen Kommunikationssysteme zugrunde gelegt werden sollen, sind daraufhin zu überprüfen, ob sie dem Menschen und unserer Gesellschaft dienen.“[10]

Dabei beläßt es der Absender des Briefes aber nicht. Er konkretisiert vielmehr die kirchlichen Vorstellungen: Er fordert eine „offene Versuchsanordnung“ der Pilotprojekte, die Raum für verschiedene Organisationsmodelle läßt und voreilige Festlegungen (auf „öffentlich-rechtliche" einerseits oder „privatwirtschaftliche" andererseits) vermeidet und Mischmodelle ermöglichen soll; die Netzträgerschaft (durch die Bundespost) wird hinterfragt. Nochmals betont Bischof Moser das konkret Praktische: „Die geistig-soziale Aktivität des einzelnen Bürgers sowie gesellschaftlicher Gruppen auf lokaler Ebene könnte gefördert werden. Der Vorteil des lokalen Rundfunks ... besteht wohl darin, daß die behandelten Themen die Menschen direkt interessieren." [11]

Bischof Moser schöpft hier aus seinen seelsorgerlichen Erfahrungen, wenn er anführt, daß Ereignisse in der Gemeinde, der örtliche Kindergarten, Schule und Probleme des Nahverkehrs und der Ortsplanung die Bürger eher berühren als Fragen der großen Politik, „die von vielen nicht durchschaut werden können und außerhalb der unmittelbaren Einflußsphäre der einzelnen liegen". Diese Kabelangebote sollten keine verkleinerten Nachahmungen großer landes- oder gar bundesweiter Programme sein, sondern Angebote zu aktiver Mitarbeit und Beteiligung, die so auch die Kommunikation der Bürger untereinander fördern. Für die Kabelangebote ist ein hohes Maß an Lokalkompetenz sowohl für die Programmarbeit wie auch für die Aufsicht darüber – die auch bei privaten Veranstaltern kontinuierlich im Sinne der Bürgerinteressen zu erfolgen hat – erforderlich [12]. Und schließlich sollten auch Service-Leistungen angeboten werden, „die den einzelnen und den Familien eine Erleichterung der Lebensumstände bieten" [13]. Energisch fordert Bischof Moser, daß in den Planungs- und Entscheidungsprozeß alle gesellschaftlich relevanten Kräfte und Gruppen einbezogen werden und Parlamentsentscheidungen „jedoch erst nach einer sorgfältigen Meinungsbildung" zu treffen seien. Der Vorschlag, „daß die Länder in dieser Planungs- und Entscheidungsphase zusammen mit den gesellschaftlich relevanten Gruppen und Kräften eine Kommission bilden, die die Einrichtung der Kabelfernseh-Pilotprojekte vorbereitet und sie bei der Durchführung begleitet" [14], ist – leider, wie wir heute mit Sicherheit wissen – von den Politikern außer acht gelassen worden.

4. Grundsätze

Aus dem bisher Beschriebenen läßt sich die klare Grundhaltung Bischof Mosers erkennen, die hier freilich nur anhand von publizierten Äußerungen und Stellungnahmen belegt werden kann. Noch lebendiger, auch temperamentvoller hörte sich das in Bemerkungen während verschiedener Sitzungen und in Gesprächen an. „Brauchen das die Leute denn überhaupt?" Und auch das konnte man von ihm immer wieder hören: „Wir müssen es angesichts der vielfachen Not um uns herum vor den Leuten hier und den Menschen in der Dritten Welt verantworten können, wenn wir hierfür so viel Geld ausgeben." Diesen Hinweis auf die Nöte der Dritten Welt meinte Bischof Moser nicht nur so ganz allgemein. Seine Mitarbeit in der Kommission Weltkirche verschaffte ihm die sehr konkrete Kenntnis dieser bedrückenden Probleme. Die Verbesserung der Kommunikationsstrukturen sowohl hierzulande als auch weltweit gehört für Bischof Moser zum unverzichtbaren Desiderat und ist konkreter Dienst am Menschen. Unter diesem Gesichtspunkt ist Medienarbeit notwendig. Von Anfang an fordert er von denen, die die Entwicklung der neuen Kommunikationstechniken propagieren: „Nicht allein technische, administrative, wirtschaftliche oder machtpolitische Gesichtspunkte sollen für die Einführung und den Gebrauch dieser neuen Medien maßgebend sein, sondern der bestmögliche Dienst für den Menschen in der Gesellschaft und die Verbesserung der Kommunikation."[15]

Daß die Vermehrung der technischen Kommunikationskapazitäten nicht schon an sich eine qualitative Verbesserung der Kommunikation mit sich bringt, das ist Bischof Moser sehr wohl bewußt. Er zählt selbst die Gefahren auf, die mit einer Vermehrung von Medienangeboten einhergehen: Ein Überangebot an Unterhaltung und Information kann zu einer „Atomisierung" der Gesellschaft führen. Die Vereinzelung und Vereinsamung des Menschen werde „gefährlich gefördert, das gesellschaftliche Leben wird von den elektronischen Angeboten bestimmt, es wird entpersönlicht ... Der Mensch wird noch mehr kontrolliert und wird noch manipulierbarer."[16]

Wer Bischof Moser kennt, weiß, wie ernst es ihm sein muß, wenn er geradezu beschwörend sagt: „Wir warnen daher vor dem Prinzip, das Technisch-Machbare zum alleinigen Prinzip zu erheben und mit Volldampf in eine Entwicklung einzufahren, ohne dauernd ebenso intensiv nach den wirklichen Bedürfnissen der Menschen zu fragen."[17] Die Publizistische Kommission fordert daher in ihrer Erklärung von 1979: „Soll diese hier angedeutete Fülle von Informations- und Kommunikationsmöglichkeiten mit ihren faszinierenden und verwirrenden Aspekten nicht eine völlige Desorientierung der Gesellschaft und der einzelnen Menschen zur Folge haben, müssen vom Gesetzgeber ordnungspolitische Entscheidungen getroffen werden, die diese Entwicklung für den Menschen ertragbar und nutzbar machen: Es geht dabei um die Kommunikationsfähigkeit und -möglichkeit des einzelnen Menschen; es geht um die Lebensfähigkeit der Familien und Gruppen; es geht aber auch um die soziale und wirtschaftliche Zukunft unserer Gesellschaft. Ohne entsprechende politische Entscheidungen wird dieser Bereich zum Spielball von Macht- und Interessengruppen."[18]

Bei seinem Engagement für „eine menschenwürdige und eine dem Menschen dienende Kommunikation mit Hilfe der Medien" hat der Priester und Bischof Georg Moser ein „überzeugendes Ziel" vor Augen: die Förderung von Einheit und Gemeinschaft der Menschen untereinander, wie sie die Pastoralinstruktion „Communio et Progressio" immer wieder empfiehlt und begründet[19]. Bischof Moser fordert dementsprechend von der Kirche, die mitarbeiten müsse „auf den verschiedenen Feldern der Medien. Entsprechend ihrem Auftrag muß sie das Ihre dazu beitragen, daß mitten im Gemenge der Informationen und des öffentlichen Gesprächs ‚allen Menschen geholfen werde und sie zur Erkenntnis der Wahrheit gelangen' (1 Tim 2,4)."[20]

Bischof Moser ist, bei aller Skepsis, dennoch „gedämpft optimistisch" hinsichtlich der neuen Entwicklungen. Sie enthalten

„Chancen, dem Leben des Menschen in der Gesellschaft neue, positiv zu bewertende Möglichkeiten zu eröffnen"[21].

5. *Konkretionen*

Die Beschäftigung mit den Entwicklungen im Medienbereich ist von Bischof Moser zu keinem Zeitpunkt als ein Luxus betrachtet worden. Das Pauluswort, das eines seiner Lieblingszitate zum Themenbereich der Medien geworden ist, „Prüfet alles, und behaltet das Gute!" (1 Thess 5,21), versteht Bischof Moser geradezu imperativisch. „Es versteht sich daher von selbst", schreibt Bischof Moser im Jahr 1980 in einem vielbeachteten Artikel, „daß die Kirche alle Entwicklungen auf diesem Gebiet beobachtet und diese auf ihre Relevanz für kirchliches Wirken am Menschen im Sinne des Evangeliums prüft. Diese Prüfung hat nüchtern – im Geist des ignatianischen ‚tantum – quantum' – und sachgerecht zu geschehen. Sie bleibt in allen ihren notwendigen Phasen ständige Aufgabe. Wir haben die neuen Entwicklungen danach zu beurteilen, inwieweit sie im wörtlichen Sinne Instrumente der sozialen Kommunikation hervorbringen und ob sie einen Zuwachs an Menschlichkeit bedeuten."[22] Immer wieder betont Bischof Moser – auch in diesem Beitrag: „Nicht die technische Machbarkeit darf Maßstab der Weiterentwicklung auf diesem Gebiet der elektronischen Medien sein, sondern die sittliche Vertretbarkeit, die Menschendienlichkeit."[23]

Diese Grundsätze stehen in enger Beziehung zu den im gleichen Beitrag enthaltenen Ausführungen über die Frage: „Könnte durch die technisch durchaus realisierbaren neuen Medien die Lücke zwischen Individual- und Massenkommunikation geschlossen werden?"[24] Die Frage zielt darauf, nicht einfach massenmediale Angebote zu vermehren und damit auch deren Gefährdungen zu verstärken, sondern neue Kommunikationsmöglichkeiten zu finden, die dem Menschen wirklich helfen, sich in seiner konkreten Mitwelt, in seinem sozialen

Nahraum zurechtzufinden und sich dort auch aktiv zu betätigen.

Diese Vorstellung motivierte auch die in der Erklärung zum KtK-Bericht von 1976 angebotene Bereitschaft der Kirche, „an den im KtK-Bericht empfohlenen ‚Pilotprojekten' im Bereich des Kabelrundfunks schon in der Entwicklungsphase mitzuwirken"[25]. Als daher (im März 1978) Ludwigshafen als einer der vier Kabelpilotprojekt-Orte bestätigt wird, beginnen die Erörterungen einer kirchlichen Beteiligung. Sie konkretisiert sich in Verhandlungen mit der zuständigen Staatskanzlei und wird allmählich vorbereitet. Die Frühjahrs-Vollversammlung 1981 beschließt das Vorhaben, das unter der Maßgabe der Erprobung von Nahraumkommunikation seiner praktischen Realisierung entgegengeht, die schließlich mit dem Jahr 1984 beginnt. Die Beteiligung mußte allerdings mit Ende des Jahres 1985 beendet werden, da die angezielten Versuchsergebnisse aus infrastrukturellen und praktischen Gründen nicht mehr erzielbar waren. Die Entwicklung hatte den immer wieder hinausgezögerten Versuch überrollt.

Immerhin haben sich aus diesem Experiment Erkenntnisse und Erfahrungen ergeben, die zwar nicht den Schluß zulassen, Nahraumkommunikation sei grundsätzlich nicht realisierbar, aber es hat sich gezeigt, daß es hier um ganz andere, neue Medialisierungen von Themen und Stoffen geht, als dies bei massenkommunikativen Programmangeboten erforderlich ist.

Fast zeitgleich mit dem Beginn der Erörterung einer kirchlichen Beteiligung am Kabelpilotprojekt Ludwigshafen hat sich die Möglichkeit ergeben, sich kirchlicherseits an den ersten Feldversuchen des Bundespostministeriums zur Erprobung des Mediums Bildschirmtext (Btx) zu beteiligen. Auch hier ging es der katholischen Kirche darum, Möglichkeiten einer Textkommunikation zu nutzen, die sich nicht nur als willkommene zusätzliche Informationsgelegenheiten von zu Hause aus ergeben würde, sondern auch Auskünfte und Hilfen im sozialcaritativen Bereich anbieten könnte. Hier wurden von seiten der Deutschen Bundespost Rahmenbedingungen geschaffen, die dieses elektronische Textspeicherungs- und -übermittlungssystem nicht zu einem Kommunikationsmittel für weitere Kreise der Bevölkerung werden ließen[26].

Auch im Btx-Bereich war und ist der Grundsatz und das Kriterium der Menschendienlichkeit bestimmend. Und ein Mehr (quantitativ wie qualitativ) an Kommunikation, an echtem menschlichem Austausch, kann nur menschendienlich sein.

6. *Zur gesellschaftlichen Rolle der Kirche*

Es ist hier nicht beabsichtigt, die Rolle der Kirche in der bundesdeutschen Gesellschaft einer gründlichen Analyse zu unterziehen und eine verläßliche Positionsbestimmung vorzunehmen. In der medienpolitischen Auseinandersetzung ist den Kirchen eine Rolle zugefallen, die offensichtlich von keiner anderen gesellschaftlichen Gruppierung übernommen wird oder werden kann. Gemeint ist die Rolle der Kirche als Anwalt des Menschen, seiner freien und ungehinderten Entfaltung, die ihn fähig macht zur Einheit und Gemeinschaft, fähig, dem Anspruch seiner Aufgabe und seiner Verheißung als Geschöpf und Ebenbild Gottes zu genügen. Die Verantwortung der Kirche für den Menschen ist nicht „nur" auf sein ‚Seelenheil' bezogen. „Die Kirche ist sich ihrer Mitverantwortung für das Wohl der Gesamtgesellschaft bewußt ..."

„Der kirchliche Auftrag zur Kommunikation beschränkt sich nicht auf die Verkündigung; die Kirche hat vielmehr allen Menschen zur Kommunikation untereinander und damit zu ihrer Einheit zu verhelfen (vgl. CeP 12). Dieser Auftrag müßte spürbare Konsequenzen für das Verhältnis zwischen der Kirche und der Gesellschaft haben. Die gegenseitige Verpflichtung, nicht nur zum Dialog ständig bereit zu sein, sondern miteinander in Kommunikation zu treten, kann die Möglichkeit, hierfür die kommunikationstechnischen Instrumentarien in der sozialen, pastoralen und edukativen Praxis der Kirche zu nutzen, nicht außer acht lassen."[27] Das sind zwar nicht die Formulierungen Bischof Mosers, aber seine Intentionen und Motivationen sind hier artikuliert, auch mit den folgenden Sätzen: „Aber Kommunikation erfordert mehr als nur die instrumentale Nutzung der alten und der neuen Medien. Es ist der Mensch, zu dessen Wohl und Daseinsbewältigung Kommunikation geschieht. Deshalb sind Medien und Kommunikation nicht Selbstzweck, sondern Mittel zur Lebenshilfe, zum Aufbau und zur Integration einer humanen Gesellschaft, zu ihrer Gemeinschaft und Einheit. Die hierfür notwendige Kommunikationsbereitschaft und -fähigkeit kann durch die Anregung zum personalen und sozialen Engagement in der Kirche wesentlich gefördert werden."[28]

Nochmals, abschließend, in den Worten von Bischof Moser, muß auf den absoluten Vorrang der Verantwortung für den Menschen vor allen anderen Gesichtspunkten hingewiesen werden, wenn es um die Erörterung der Medienentwicklung geht: „Weil wir die Verantwortung des Menschen für die gesamte Wirklichkeit betonen, weil wir darauf bestehen, daß alle Lebensbereiche menschengemäß und menschenwürdig gestaltet werden – denn dazu verpflichtet uns das christliche Menschenbild –, deshalb geben wir uns weder einem hektischen Fortschrittsdrang hin, noch verschließen wir uns in kulturpessimistischer Introvertiertheit neuen technischen Entwicklungen."[29]

Schlußbemerkung

Die Arbeit der Publizistischen Kommission und damit die Zusammenarbeit mit Bischof Dr. Georg Moser während der Zeit zwischen 1972 und 1983 war zwar ständig begleitet, aber nicht ausschließlich ausgefüllt von Überlegungen und Aktivitäten im Bereich der neuen Medien. Den verschiedenen Sektoren der Presse und der Medienpädagogik galt sein Interesse; Bischof Moser hat insbesondere die Theologenschulung gefördert; der katholischen Büchereiarbeit und der Journalistenausbildung widmete er viel Aufmerksamkeit. Hier konnte nur exemplarisch eines von mehreren Feldern abgeschritten werden. Es ist ein Feld, das eine Saat aufgenommen hat. Viel persönliches Engagement von vielen ist darin eingebracht worden. War es genug und richtig, was an Mühen und sachlichen Leistungen investiert worden ist? Mancher bot Ratschläge, Kritik, Korrekturen an; letzteres wurde nicht selten barsch gefordert. Andere Rücksichten, Bündnisse, Realisierungen würden mehr Erfolg und sichtbaren dazu zeitigen. Hat sich Bischof Moser beirren lassen? Er wäre seinen Grundsätzen, alles zu prüfen, untreu geworden, hätte er nicht auch Alternativen erörtert. Aber eine Alternative zur „Menschendienlichkeit", das ist gewiß, würde und wird er nie akzeptieren. Gleichwohl wird niemand, der ihn wirklich kennt, Bischof Moser zutrauen, daß er am einmal Gefundenen starr festhält, ohne Rücksicht auf das, was sich um ihn herum tut. Er ist ein sehr aufmerksamer Beobachter und hat ein untrügliches Gespür für „Klima" und Atmosphäre. Wir dürfen damit rechnen, daß er auch in anderen medienpolitischen Konstellationen, wenn sich z. B. das Kommunikationsverhalten und die gesellschaftlichen Voraussetzungen so verändern sollten, daß sie eine Umorganisierung der Kommunikationsstrukturen erforderlich machen, nach der Menschendienlichkeit suchen und für sie eintreten wird.

Anmerkungen

[1] In der Hörfunk-Sendung des Süddeutschen Rundfunks „Was uns betrifft" am 15. 5. 1983. Interview: Konrad Bonkosch. Abgedruckt in „Hirschberg" 1983, S. 282 f.

[2] *Karl Becker / Karl-August Siegel* (Hrsg.), Hören und Sehen. Referate von Karl Korn, Alfons Auer und Georg Moser bei den Jahrestagungen der Katholischen Rundfunk- und Fernseharbeit in Deutschland 1960 und 1961, Frankfurt a. M. 1962, S. 55–77.

[3] *Otto B. Roegele,* Vom „Sofortprogramm" zum Frühwarnsystem – Kirche und Publizistik im Jahrzehnt nach der deutschen Synode, in: Internationale katholische Zeitschrift ‚Communio' 1982, S. 387.

[4] Ebd., S. 388.

[5] Ebd., S. 393.

[6] Ausbau der technischen Kommunikationssysteme. Erste Stellungnahme

zum Abschlußbericht der Kommission für den Ausbau des technischen Kommunikationssystems (KtK) durch den Vorsitzenden der Publizistischen Kommission der Deutschen Bischofskonferenz, Bischof Dr. Georg Moser, 03.02.1976, in: Materialien zur Medienpolitik. Heft 4. Hrsg. Zentralstelle Medien der Deutschen Bischofskonferenz, Bonn 1982, S. 28f.

[7] Ebd.

[8] Ebd.

[9] Veröffentlicht in: Materialien zur Medienpolitik, Heft 4. „Kabelfernseh-Pilotprojekte – Verantwortung der Kirchen", S. 47–50.

[10] Ebd., S. 48.

[11] Ebd., S. 49.

[12] Ebd.

[13] Ebd., S. 50.

[14] Ebd.

[15] Die Kirche und die Medien. Interview der Zeitschrift „academia" mit Bischof Dr. Georg Moser. Oktober 5/78, S. 21.

[16] Ebd., S. 22.

[17] Ebd.

[18] „Stellungnahme zu medienpolitischen Fragen". Erklärung der Publizistischen Kommission der Deutschen Bischofskonferenz. Juni 1979, in: Materialien zur Medienpolitik, Heft 4, S. 30–36.

[19] CeP insbesondere Nr. 11 und 12.

[20] Bischof Moser vor der Herbst-Vollversammlung 1980 der Deutschen Bischofskonferenz auf ihrem Studientag „Medien und Kirche". Veröffentlicht in: Kirchliche Medienarbeit. Arbeitshilfen 20. Hrsg. Sekretariat der Deutschen Bischofskonferenz, Bonn, 23. September 1980, S. 44.

[21] „academia" – Interview, S. 22.

[22] „Kirche und Neue Medien", in: Hirschberg, Juni 1980, S. 180–185. Abgedruckt in: Materialien zur Medienpolitik, Heft 4, S.37–46.

[23] Ebd., S. 45.

[24] Ebd., S. 41.

[25] Materialien zur Medienpolitik, Heft 4, S. 28.

[26] Heutiger Stand: Unabhängig von den in jeweils den diözesanen Erfordernissen angepaßten regionalen Btx-Angeboten soll im Rahmen eines Projektauftrages ein überdiözesanes Angebot an Lebenshilfe-Informationen und -Auskünften zusammengestellt und dann bereitgehalten werden.

[27] „Die neuen Medien – Informationen, Fragen und Anregungen im Blick auf den Menschen und die Gesellschaft". Stellungnahme der Zentralstelle Medien im Auftrag der Publizistischen Kommission der Deutschen Bischofskonferenz, August 1982, S. 23.

[28] Ebd.

[29] „Kirche und Neue Medien", in: Materialien zur Medienpolitik, Heft 4, S. 46.

Hans von Keler

Auftrag und Präsenz der Kirchen in Medien und Gesellschaft

Ein afrikanisches Sprichwort sagt: Von vielem Fleisch wird die Suppe nicht schlecht. Die „neuen Medien" des Lokalfunks und die dagegen schon fast alten Medien des Fernsehens und des Hörfunks sind auch eine „Suppe, der Fleisch nicht schadet". Auf die Dauer ist Qualität durch nichts zu ersetzen. Langfristig lebt jede gute Geschäftsverbindung vom gegenseitigen Nutzen – so lebt auch die „Ware" Information und Unterhaltung nicht ohne ein überzeugendes Gütesiegel. Und an ein Gesamtprogramm werden mehr Erwartungen gestellt, als sich manches schwungvolle Betreiben in der Blüte der Planungszeit vorstellt – die Suppe benötigt nicht nur kochendes Wasser, sondern Fleisch, das heißt habhafte Substanz.

In den letzten Monaten haben Vertreter der Diözese Rottenburg und der Evangelischen Landeskirche in Württemberg zahlreiche Verhandlungen mit Lizenznehmergesellschaften geführt, die einen privaten Hörfunksender betreiben wollen. Die Landesanstalt für Kommunikation vergibt die Lizenz erst dann, wenn die Lizenznehmer mit den beiden Kirchen eine Vereinbarung abgeschlossen haben. In diesen Verhandlungen wird die Zeit festgelegt, die den Kirchen zur Verfügung gestellt wird, ebenso wird die personelle Zusammenarbeit und die Honorarfrage geregelt. Diese Mitwirkung im privaten Hörfunk wurde den Kirchen zugestanden, weil sie nach dem Landesmediengesetz als eine „gesellschaftliche relevante Gruppe" gelten.

Aber diese Position wurde in den Verhandlungen den Kirchen oft nur widerwillig zugestanden. Ihr öffentlicher Anspruch, so wird ihnen vorgehalten, decke sich nicht mehr mit ihrem Wirken in der Öffentlichkeit. Ist die Kirche denn nicht nur eine Interessengruppe unter anderen, von der „Erosion der Volkskirche" ganz zu schweigen?

Auch in der innerkirchlichen Öffentlichkeit ist das Engagement der Kirche im privaten Hörfunk umstritten. Viele sehen in diesem Medium eine zusätzliche Möglichkeit für die Verkündigung des Evangeliums. In unserer Landeskirche finden wir diese Einschätzung des privaten Hörfunks vor allem in Kreisen, die dem Pietismus nahestehen. Andere sind der Ansicht, die Kirche habe in dem „Kommerzfunk" nichts zu suchen. Die Verkündigung der frohen Botschaft sei nicht massenattraktiv und dürfe sich nicht den rundfunkjournalistischen Bedingungen unterwerfen – ein Beitrag soll nicht länger als drei Minuten sein, dazu 20 Prozent Wortbeiträge und 80 Prozent Musik! So wird auch innerhalb der Kirche zum Rückzug aus verkehrter Öffentlichkeit und zur Konzentration auf das personale Wirken in den Gemeinden geblasen. Aber wird der Verzicht nicht bald zu einem Rückzug?

Das heißt jedoch nicht, daß die Kirche öffentliches Wirken um das Linsengericht der Anpassung an den Markt erkaufen könnte. In gewisser Weise muß die Kirche auch im privaten Hörfunk kontraproduktiv sein. Inmitten der Werbesendungen wird sie sagen müssen: „Der Mensch lebt nicht vom Brot allein, sondern von einem jeden Wort, das aus dem Mund Gottes geht" (Mt 4,4 nach Dtn 8,3). Inmitten der Programme, die die unterschiedlichsten Wünsche der Zuhörer wecken wollen, wird die Kirche sagen müssen: „Was hülfe es dem Menschen, wenn er die ganze Welt gewönne und nähme doch Schaden an seiner Seele?" (Mt 16,26) Die Kirche ist nicht „massenattraktiv". Ihre Botschaft ist es auch nicht. Aber die Kirche hat für ihre Verkündigung viele Möglichkeiten zu nützen, auch die Medien. Sie darf dieses Feld nicht den Sektierern überlassen. Damit steuert die Kirche keineswegs unkritisch in das sogenannte Medienzeitalter, das doch schon längst begonnen hat.

Flucht aus der Wirklichkeit

Professor Hartmut von Hentig hat zum Nachdenken über die neuen Medien ermutigt – sein Buchtitel: „Das allmähliche Verschwinden der Wirklichkeit". Hentig greift eine These von Jerry Mander auf, der von einer „Enteignung der Erfahrung" durch die Medien gesprochen hat. Medien würden Primärerfahrungen verdrängen und ein Leben aus zweiter Hand fördern. Geborgte Erfahrungen beherrschen dann das Feld. So z. B. sieht der Fernsehbenützer in einer Woche eine Vielzahl von Toten, aber tatsächlich hat er noch keinen einzigen Toten gesehen. „Je mehr wir glotzen, um so geringer wird unsere Kenntnis der Wirklichkeit sein."

Nun ist bei ernsthafter Würdigung dem westdeutschen Fernsehen im internationalen Vergleich hohes Lob zu zollen. Kenner der Szene in USA oder UdSSR müssen fern aller weltanschaulich/politischen Unterschiede unseren Fernsehanstalten ein ansehnliches Maß von Selbstkritik, gelegentlich auch von Selbstbeschränkung bestätigen. Welche ethische Tiefe und pädagogische Trennschärfe besitzen zumeist westdeutsche Krimis gegenüber europäischer und gar überseeischer Konkurrenz! Hier wird der Realitätsferne im Fernsehen gegengesteuert. Das gilt zwar nicht nur für diesen Sektor, doch die drohende Gefahr „Flucht aus der Wirklichkeit" kann keineswegs als gebannt gesehen werden.

Der katholische Religionsphilosoph Eugen Biser charakterisiert in seinem Buch „Die glaubensgeschichtliche Wende" die strukturelle Tendenz, die Lebenswirklichkeit des Rezipienten in eine Nachrichten- und Konsumwelt zu verwandeln. Der Fernsehzuschauer wird mit einer Fülle von sekundären Erfahrungen überschüttet, die dieser als solche um so weniger durchschaue, als sie ihm unter dem Anschein von Primärerfahrungen dargeboten würden. Der Verlust von immer mehr Realität sei jedoch gefährlich. Die Anfälligkeit für utopische Zielvorstellungen und Versprechungen steigert sich und die Neigung zu Wahnvorstellungen wächst. Scharlatane politischer, weltanschaulicher, pseudo-wissenschaftlicher und medizinischer Provenienz hätten Hochkonjunktur. Kaum etwas finde rascher eine leichtgläubige Gemeinde als wissenschaftlich aufgezäumte oder religiös getönte Heilslehren. Dazu wäre es nie gekommen, wenn der heutige Mensch fest auf dem Boden der Wirklichkeit stünde und existentielle Unterscheidungskriterien für Glaubwürdiges und Betrügerisches besäße. Weil ihm dieser Rückhalt fehle, nimmt er nur allzuleicht die Illusion für Realität, so daß sich beides für ihn verhängnisvoll vermische. Viele haben die Studentenunruhen der sechziger Jahre mit einem Verlust von Realität der akademischen Jugend erklärt.

Ein schwermütiger Amtsbruder erklärte mir einst: „Ich kann die Fülle der Informationen nicht mehr verkraften." Das war redlich gesprochen, denn vielen ergeht es ähnlich, aber sie schalten gleichsam auf Durchzug und damit auf angeblich rettende Oberflächlichkeit. „Wenn einer alles ernst nehmen wollte, könnte er gar nicht mehr lachen" – so hörte ich unlängst seufzen nach der Tagesschau. Angesichts so vieler Probleme müssen wir uns gleichsam in die Distanz retten – welcher Mensch verkraftet auch nur die entfernte Nähe zur Allwissenheit Gottes über unsere Welt?

Der Journalismus ist in unserer demokratischen Gesellschaft aus gutem Recht ein gewaltiger Machtfaktor. Die Kirche soll auch dieser Potenz helfen, Verantwortung sachgemäß wahrzunehmen. Es geht der Kirche keineswegs nur um „Freiräume für die eigene, kirchliche Arbeit", sondern um die Verantwortung für das Ganze, fernab von eigenen Sendezeiten und Informationen über die Kirche.

In einem späten Europa wird laut Johann Baptist Metz nicht nur erstmals in der Welt der „Tod Gottes" öffentlich verkündigt, sondern auch der „Tod des Menschen" vorbereitet. „Dieser schleichende, sanfte Tod des Menschen wird um so erfolgreicher vonstatten gehen, je mehr wir ihn nicht als Bedrohung und Unterdrückung, sondern als Vergnügen und Zerstreuung erleben. Das besorgt unsere moderne Kulturindustrie, die wachsende Übermacht der Massenmedien, nicht zuletzt des Fernsehens, die unseren Alltag immer mehr quasi transzendental umspannt und uns von unseren eigenen Bildern, unseren eigenen Träumen, von unseren eigenen Geschichten und unserer eigenen Sprache immer mehr entlastet und uns eines Tages zu routinierten, glücklichen Analphabeten macht."

Diesen Menschen nennt Hans Magnus Enzensberger den „sekundären Analphabeten" und sagt über ihn: „Er hat es gut, denn er leidet nicht unter dem Gedächtnisschwund, an dem er leidet. Daß er sich auf nichts konzentrieren kann, weiß er zu schätzen. Daß er nicht weiß und nicht versteht, was mit ihm geschieht, hält er für einen Vorzug. Er ist mobil. Er ist anpassungsfähig. Er verfügt über ein beträchtliches Durchsetzungsvermögen. Wir brauchen uns also keine Sorgen um ihn zu machen. Zu seinem Wohlbefinden trägt bei, daß der sekundäre Analphabet keine Ahnung davon hat, daß er ein sekundärer Analphabet ist. Er hält sich für wohlinformiert, kann Gebrauchsanweisungen, Piktogramme und Schecks entziffern. Er bewegt sich in einer Umwelt, die ihn hermetisch gegegen jede Anfechtung seines Bewußtseins abschottet. Daß er an seiner Umgebung scheitert, ist undenkbar. Sie hat ihn ja hervorgebracht und ausgebildet, um ihren störungsfreien Fortbestand zu garantieren. Der sekundäre Analphabet ist das Produkt einer neuen Phase der Industrialisierung."

Notwendige Hilfe

Die pädagogischen Herausforderungen einer Mediengesellschaft sind daher überdeutlich. Offensichtlich sind wir heute noch keineswegs allen vorhandenen Möglichkeiten gewachsen. Die Kommission „Bildung und Kultur" des Zentralkomitees der deutschen Katholiken hat in einer guten Erklärung das Lernziel benannt: „Junge Menschen müßten vor allem erlernen, daß Fernseh-, Video- und Computerprogramme künstliche Wirklichkeiten und daher manipulierbar seien. Der junge Mensch muß lernen, zwischen Fernsehwirklichkeit und Lebenswirklichkeit zu unterscheiden. Die Unterscheidung dieser

Wirklichkeiten kann nur in der Begegnung mit der gelebten Wirklichkeit erfahren werden. Deshalb muß Erziehung zu unmittelbarer Begegnung und Auseinandersetzung mit Personen und Sachen verhelfen. Die gelebte Minute ist von unwiederbringlicher Kostbarkeit. Es geschieht eben nicht nur, was im Programm ist." Das Medium Fernsehen, Video kann und muß Impulse geben. Leben ersetzen darf es nicht. Die Medienwirklichkeit ist meist für den Zuschauer folgenlos. Schule und Familie müssen die Möglichkeit des Verweilens, des Vertiefens erschließen.

Auch für den Umgang mit den Medien gilt also die schlichte Erfahrung: Der Mensch lebt nicht von dem, was er schluckt, sondern von dem, was er verdaut. Mit anderen Worten: Es genügt nicht, fernzusehen und viel zu hören, um informiert zu sein. Das Aufgenommene will verarbeitet, eingeordnet, angeeignet, verglichen und ausgewertet sein. Wehe uns, wenn wir wesentlich mehr schlucken, als wir verdauen können.

In einer Studie für den nordrhein-westfälischen Arbeitsminister mit dem Titel „Sozialverträgliche Technikgestaltung" heißt es: „Die persönliche Kommunikation ist die wichtigste zwischenmenschliche und intergesellschaftliche Integrationskraft." Sie sei eine unerläßliche Voraussetzung für das psychische und soziale Funktionieren von Menschen im privaten wie im beruflichen Alltag. Fällt die persönliche Kommunikation weg, können daraus „individuelle und kollektive Gefährdungen erwachsen, die sich als kommunikationsökologische Gefährdungen bezeichen lassen. Sie äußern sich in wachsender Isolierung, Selbstisolierung, Kontaktunfähigkeit, Desorientierung über die soziale und politische Umwelt, Verhaltensunsicherheiten und Verhaltensauffälligkeiten."

Jetzt wird deutlich, worin der wertvolle Beitrag der Kirchen für unsere Gesellschaft besteht. Es ist das Angebot der personalen Kommunikation in einer verbindenden und verbindlichen Gemeinschaft. Die mediale Kommunikation soll und kann die personale Kommunikation nicht ersetzen, sondern soll zu dieser personalen Kommunikation hinführen. Die Gemeinschaft bietet die große Möglichkeit, die Wirklichkeit auszuhalten.

Allein eine tragende Gemeinschaft verhindert, daß es zu einer Flucht aus der Wirklichkeit kommt. In unserer Gesellschaft gibt es einen Hunger nach Gemeinschaft. Vermutlich hat eine technisierte Welt sogar ein gesteigertes Bedürfnis nach Nähe zum anderen, nach Zuwendung (und sei es im Streit, über den eine Beziehung sich oft erst ihren Weg bahnt), nach Bekenntnis und Geständnis, nach Tröstung und Widerspruch und Geduld (Hentig). Solche Beziehung ist gewiß auch beschwerlich, aber unerläßlich, lohnend und sinnvoll. Das Fernsehen liefert leicht eine Ersatzbefriedigung – eine ablenkende Erregung, die den Menschen am Ende doppelt alleine läßt.

Hören und Sehen

„Wer die Medien hat, hat die Zukunft" – stimmt die Behauptung? Die Kirche Jesu Christi lebt aus anderen Quellen. Aber das schließt unsere Verantwortung für die Medien nicht aus, im Gegenteil. Schließlich leben wir Menschen heute in einer von Medien mitbestimmten Welt und haben auch hier „zu haben, als hätten wir nicht". Distanz ist ebenso nötig wie rechter Umgang. Berührungsangst allein hilft nicht weiter.

Der Apostel Paulus mied nicht den Areopag in Athen, das Zentrum antiker Öffentlichkeit, auch wenn er dort nicht gerade viele Menschen überzeugen konnte. Aber die Kirche hat nicht nur den Areopag zu benützen, sie hat ihre Gemeinden auch im rechten Umgang mit ihm einzuüben.

Sachgerechtes Verhältnis zu den Medien kann nur mit der Erfassung der Strukturgesetzlichkeit und der dadurch bedingten Transformation der jeweils vermittelten Botschaft seinen Anfang nehmen ... (Eugen Biser). Medienpädagogik ist das Gebot der Stunde. Aus der Medienabhängigkeit des heutigen Menschen soll keine „technische Symbiose" mit unabsehbaren Folgen werden.

Ein einprägsames Wort lautet: Wer lange genug am Bahndamm wohnt, der hört die Züge nicht mehr. Wir können durch eine Reizüberflutung desensibilisiert werden. Der Körper schützt sich gegen überfordernde Reize durch Abstumpfung. Die Nebenwirkungen dieses „Schutzes" aber sind beträchtlich und gefährlich. Der christliche Glaube dagegen vermag unsere Sinne zu schärfen. Das gilt für das Hören ebenso wie für das Sehen. Der Hamburger katholische Theologe Otto Betz schreibt: „Wie unsere Augen überanstrengt sein können durch zu viele optische Signale, so gibt es auch die überlasteten und durch Lärm gequälten Ohren. Das Wort ‚Lärm' hängt mit ‚Alarm' zusammen, und das wiederum bedeutet: ‚Zu den Waffen!' Kein Wunder, daß wir das laute Lärmen als einen Angriff empfinden, gegen den wir uns kaum zur Wehr setzen können. Um so wohltuender ist es dann, wenn wir in die Stille eintauchen können. Nur da können die leisen Zwischentöne gehört werden: das Rauschen der Blätter, der leiseste Windhauch. Wer immerzu in einem Geräuschbrei steckt, der muß sich schon aus Selbsterhaltungstrieb gegen die lauten Töne zur Wehr setzen." Die Unfähigkeit, zu hören, führt zum Verstummen. Es verwundert nicht, daß unser Wort „dumm" mit „dumpf", „taub" mit „stumpf", aber auch mit „stumm" in Verbindung steht. Wer nicht zuhören will, verkümmert in seiner Menschlichkeit. Ist nicht das „horchende Herz", das sich im „horchenden Ohr" offenbart, das wichtigste Organ, das wir mitbekommen haben? Und ist nicht „Gehorsam", recht verstanden, die Summe des Hörens? Wer nicht hören gelernt hat, wird auch nie Weisungen gewürdigt haben. Martin Luther sagte einst: „Wir müssen unsere Augen in die Ohren stecken, wenn wir Gott sehen wollen." Bei aller Bedeutung der Bilder ist doch das deutende Wort der entscheidende Schlüssel zum Geheimnis des Lebens, aber diese Melodie will gehört sein.

Benötigen wir auch eine neue Schule des Sehens? Nicht jeder nimmt am Gleichen Gleiches wahr. Einer hat einen Blick für die Blumen am Wegrand, der andere stolpert zwar nicht über das Vergißmeinnicht, aber er zertritt es fast aus mangelnder Wahrnehmung. Sehen will gelernt und geübt sein – wenn wir zuviel sehen, nehmen wir oft weniger wahr. Aus der rollenden Kutsche war die Gegend gründlicher zu betrachten (trotz schlechter Federung) als aus dem rasenden Auto. Wir drehen die Zeiten nicht zurück, aber wir sollten bei allem Fortschritt doch nicht Entscheidendes verlernen: die Fähigkeit, konzentriert zu sehen und zu hören. Wir brauchen jemand, der uns die Augen öffnet und das Spektrum unserer Wahrnehmung erweitert: „Öffne mir die Augen, daß ich sehe", sagt der Psalm (119,18). Jesus kommt, um den Blinden das Augenlicht zu schenken, zu den Jüngern sagt er: „Selig sind die Augen, die sehen, was ihr seht" (vgl. Mt 13,16).

Kirchlicher Dienst in den Medien soll zum Sehen und Hören anleiten, die entscheidende Wahrheit sollen wir sehen und hören: „Also hat Gott die Welt geliebt ..." Auftrag der Kirche in den Medien ist es eben nicht, die sogenannte „Interessensphäre einer gesellschaftlichen Gruppe" zu sichern, sondern dazu beizutragen, Wahrheit des Lebens zu hören und zu sehen. Das Entscheidende gerade nicht zu überhören und zu übersehen: Gott selbst. Wo aber Gott wahrgenommen wird, kommt der Mensch nicht nur zu seinem Recht, sondern auch zum Frieden.

Mit einem afrikanischen Sprichwort fing ich an, mit einem anderen schließe ich: „Wer den Weg verliert, lernt ihn kennen." Müssen wir erst den Weg verlieren, ehe wir ihn finden?

Otto B. Roegele

Zwischen Kirche und Öffentlichkeit

Anmerkungen zum katholischen Journalismus der Gegenwart

„In den ‚erstaunlichen Erfindungen der Technik', die der sozialen Kommunikation unter den Menschen dienen, erblickt der gläubige Christ die von der Vorsehung Gottes gegebenen Mittel, um das Zusammenleben der Menschen auf dieser Erde zu fördern. Denn sie knüpfen neue Verbindungen unter ihnen und schaffen sozusagen eine neue Sprache, die es ermöglicht, daß die Menschen einander noch besser kennenlernen und leichter zueinander finden." So beschreibt die Pastoralinstruktion „Communio et Progressio" vom 23. Mai 1971 die neue Einstellung der Kirche zur Welt der Massenmedien, die schon von Pius XII. in der Botschaft zum III. Weltkongreß der katholischen Presse vom 17. Februar 1950 enthalten war und im Konzilsdekret „Inter mirifica" von 1963 ihren emphatischen Ausdruck fand.

Man braucht gewiß nicht umständlich zu erklären, warum es gerade katholische Journalisten waren, die es mit Genugtuung, ja mit Begeisterung vernahmen, wie gründlich das kirchliche Lehramt sich verabschiedete von der abwehrenden, negativen Haltung gegenüber allem, was mit öffentlicher Meinung, Presse und Journalismus zu tun hatte, einer Haltung, die, mit wenigen Ausnahmen, die Jahrhunderte von der ersten päpstlichen Zensurverordnung 1479 bis weit ins 20. Jahrhundert hinein bestimmt hatte. Sie hatten ja in den verschiedenen Medien ihren Arbeitsplatz, ihren Beruf (der für nicht wenige unter ihnen eine Berufung bedeutet) und damit einen wichtigen Ort ihrer Bewährung als Christen und Staatsbürger gefunden – um nicht zu sagen: ihre Parzelle im Weinberg des Herrn den Ort ihrer „Heiligung in der Arbeit". Ein Frühling des Dialogs zwischen dem kirchlichen Amt und den Leuten in den Medien kündigte sich an, und es meldeten sich nur wenige Skeptiker zu Wort, die „Inter mirifica" etwas zu enthusiastisch im Ton fanden und an der Umsetzbarkeit der dort niedergelegten Maximen in die kirchliche Praxis zweifelten.

Inzwischen hat sich die weltliche Szenerie der Medien in einer Weise und in einem Maße verdüstert, die damals niemand voraussehen konnte. Die Erwartungen, die man an die Informations- und Bildungsleistungen der modernen Kommunikationsmittel gerichtet hatte, mußten erheblich reduziert werden. In den diktatorisch regierten Staaten änderte sich nach der Niederwerfung des Hitlerismus nichts an der Unterdrükkung der öffentlichen Meinung und der Medien. Die Zahl der Staaten auf der Welt, in denen wirklich Pressefreiheit gewährt wurde, nahm nicht zu, sondern ab.

Aber auch in den Ländern der „freien Welt" vollzogen sich aus unterschiedlichen Gründen Prozesse, die den Glauben an die segensreichen Wirkungen eines seiner eigenen Verantwortung überlassenen Mediensystems erschütterten. Wer – mit den Worten des bayerischen Rundfunkgesetzes – die wichtigsten Aufgaben der Medien in Information, Bildung und Unterhaltung erblickte, mußte zusehen, wie diese überall dort, wo sie dem Geschäft den Vorrang gaben, das Hauptgewicht auf Unterhaltung legten und bei der Auswahl des Unterhaltenden nicht wählerisch waren. Auch die Tagespresse erwies sich nicht als unbedingt standfest gegenüber den Versuchungen des Kommerziellen. Am schlimmsten trieben es die Illustrierten, die „Publikumszeitschriften", die Yellow Press und einige Jugendpublikationen. Ehrwürdige Institutionen brachten sich um ihren Ruf; der Pulitzer-Preis wurde an eine karrieresüchtige Schwindlerin verliehen; deren Hautfarbe blieb am Schluß der einzige „mildernde Umstand" für die Fehlentscheidung von Zeitung und Jury. Mit dem Stichwort Watergate verbindet sich nicht nur der traurige Fall eines Präsidenten, der seinem Amt Unehre machte, sondern auch eine lange und aus schlimmem Anlaß geführte amerikanische Debatte über die moralischen Grenzen des Enthüllungsjournalismus. Die Millionen, die für gefälschte Hitler-Tagebücher verschwendet wurden, die Unsummen für Exklusivgeschichten aus der Verbrecherszene, die Rivalitäten um die Ausbeutungsrechte an privaten Tragödien – das alles sind Ursachen des Verlusts an Ansehen, Glaubwürdigkeit und Autorität auch der Presse.

Sind Verleger und Journalisten, Konzernvorstände und „freie Mitarbeiter", wohlbestallte Redaktionschefs und ungesicherte Pauschalisten aller Sparten heute im Begriff, die negativen Urteile, Sorgen und Zensurmaßnahmen, die früher das kirchliche Denken beherrschten, nachträglich als berechtigt zu erweisen, indem sie demonstrieren, zu wie schrecklichen Ergebnissen der Gebrauch, den sie von den ihnen endlich gewährten Freiheiten machen, führen kann? Kein Wunder, daß sich mancher katholische Journalist heute in einem Zwiespalt der Gefühle wiederfindet, wenn er darüber nachdenkt, was aus seiner Berufswelt, aus seinem Stück Acker in der Medienlandschaft geworden ist.

Auch das innerkirchliche Freiheitspathos hat einigen Schaden genommen, seitdem sich immer deutlicher erweist, wie mühsam, ja unmöglich es ist, aus den lehramtlichen Aussagen, aus den Dokumenten von Päpsten, Konzil und Kommissionen zu praktischen Verhaltensweisen zu kommen. Aber auch die gesamtgesellschaftliche Situation hat sich gewandelt: Es hat sich nämlich herausgestellt, wie ungemein schwierig es geworden ist, in einer Welt des uneingeschränkten Pluralismus für eine Botschaft zu werben, die weder dem Einzelnen noch der Gesellschaft das sichere Glück zum Nulltarif verheißt.

Verglichen mit der Zeit vor hundert Jahren, da die Katholiken in der Habsburger-Monarchie und im Süden und Westen des Deutschen Reiches durch die Gründung zahlreicher „Preßvereine" ihren Willen zur Selbsthilfe und ihren medienpolitischen Angriffsgeist bewiesen, womit sie die Pressevorherrschaft des antikirchlichen Liberalismus durchbrachen, bietet heute die katholische Presse – man darf wohl sagen: zwischen Etsch und Elbe – kein zukunftsfrohes Bild. Sie verfügt zwar noch immer über eine ansehnliche Gesamtauflage, jedoch mit rückläufiger Tendenz, und die meisten dieser Blätter dienen fast ausschließlich der Binnenkommunikation der Großgruppe Kirche. Nicht als ob dies eine unwichtige Aufgabe wäre – aber es bedeutet einen Rückschritt gegenüber der Zeit vor hundert Jahren.

Man sagt oft, die Existenz einer konfessionellen Informationspresse sei nicht mehr erforderlich, ja nicht mehr gerechtfertigt, nachdem sich die weltanschaulichen Kämpfe beruhigt, die ideologischen Gegensätze entschärft hätten. Die neutrale, säkulare Presse behandle die Kirche und deren Belange heute im allgemeinen fair bis wohlwollend, nichts von Bedeutung werde übergangen, die Katholiken als Publikum, als Bezieher und Anzeigenbringer würden hochgeschätzt, Ausnahmen seien selten und ohne Gewicht.

Ich bin nicht ganz sicher, ob das jemals richtig war; heute trifft es jedenfalls nur teilweise zu. Es gibt unübersehbare Anzeichen dafür, daß eine neue Kirchenfeindlichkeit ans Licht drängt. Sie unterscheidet sich in ihren Ausdrucksformen nicht viel von dem, was die Älteren aus der Zeit zwischen 1930 und 1945 in Erinnerung haben. Ihre Motive mögen andere sein, die Begründungen mögen gewechselt haben. Um so mehr ist es des Nachdenkens wert, weshalb sich der Antiklerikalismus als eine Konstante des europäischen Ideen- und Affektkomplexes erweist, als ein Revenant der Geschichte von so unerwarteter Hartnäckigkeit.

Was bedeutet es, wenn Hochhuths „Stellvertreter" 1988 in München seine dortige Erstaufführung erfährt nach allem, was die zeitgeschichtliche Forschung und zahlreiche Gerichtsverfahren über die Kompetenz dieses Autors und den Wahrheitsgehalt dieses Schauspiels ans Licht gebracht haben? Was bedeutet es, wenn dem Wiener Burgtheater zum 50. Jahrestag des Hitler-Einmarsches in Österreich kein anderes Stück geeignet erscheint als dieses, mit dem der Falsche angeklagt und eigene Schuld verdrängt wird – insofern stimmt der Titel –? Das bedeutet nicht nur, daß die Schubladen zeitgenössischer Dramatiker von spielbaren Stücken leer sind, sondern auch, daß sich der Zeitgeist von einer neuen Lust zur Religionsbeschimpfung hat erfassen lassen. Nachdem dieser ehemalige Straftatbestand sich zur Mutprobe vor Staatsanwalt und Gericht nicht mehr eignet, ist er zum pikanten Gewürz für einen schalgewordenen Theateralltag verkommen.

Welches im einzelnen die Ursachen sind, aus denen Kirchenfeindlichkeit, ja Kirchenhaß neuerdings wieder genährt werden, müßte gründlicher untersucht werden, als es hier geschehen kann. Eine vorläufige Vermutung möchte ich immerhin als Arbeitshypothese aussprechen, auch wenn sie in eine etwas seltsam erscheinende Richtung weist: Vielleicht ist es die Allgegenwart kirchlicher Dienste, die, so gut sie gemeint sind, eher den Unmut der Zeitgenossen gegen die dahinterstehende Institution erregen, als daß sie Dankbarkeit hervorbringen. Vom Kindergarten bis zum Pflegeheim, von der Schwangerenberatung bis zur AIDS-Hilfe, von der psychosozialen Sprechstunde bis zur Lernhilfe für Schulkinder, von der Asylantenbetreuung bis zum „Essen auf Rädern" reicht das weitgespannte Netz der karitativen Angebote. Wo immer einer Rat oder Hilfe sucht, begegnet er einer Person mit kirchlichem Hintergrund, einer Helferin, einem Referenten, überall trifft er auf Kirche, die sich da eingenistet hat, in allen Zellen des Betreuungssystems des modernen Sozial- und Wohltätigkeitsstaates, und sich für zuständig erklärt. Wer nicht selbst überzeugt ist, daß die Aufgaben der Kirche weit über das „rein Religiöse" hinausgehen, kann sich schon gehörig wundern, ja ärgern über diese Ubiquität einer Institution, von der er weiß, daß sie einmal großen Einfluß ausübte und diesen Einfluß nur unter Schmerzen verlor.

Agentur gegen den Zeitgeist?

Es gibt gewiß noch tiefer liegende Gründe dafür, daß die Schwierigkeiten, die zwischen einer Kirche, die sich die Verbesserung des Menschen vorgenommen hat, und dem öffentlichen Bewußtsein der Gegenwart liegen, sich immer deutlicher abzeichnen. In diesem Bewußtsein hat nämlich die Vorstellung Macht gewonnen, es entspreche dem Entwicklungsstand der Menschheit, wenn sie in „demokratisch verfaßten Gesellschaften" lebe. Dazu gehörten, so meint man weiter, nicht nur die politischen Gebilde, also der Staat, die Kommunen, die Parteien, die Berufsverbände usw., in denen „die Staatsgewalt vom Volk auszugehen" habe, sondern auch alle übrigen Institutionen und Vereinigungen der Gesellschaft, mithin auch die Kirche. Auf Partizipation komme es da an, und in vielen Köpfen ist Teilhabe nur denkbar als Teilhaben an der Leitung eines Sozialkörpers, obgleich die Funktion der Leitung stets nur eine von vielen Funktionen war und ist. Auch die These, daß oben mitbestimmen müsse, wer unten auf irgendeine Weise „betroffen" werde von den Auswirkungen solcher Leitungsfunktionen, weist in die gleiche Richtung. So wendet sich die neue Lehre von der „Betroffenheit" auch gegen die Kirche.

Daß sich wieder eine Kaltfront bildet zwischen den Medien der öffentlichen Meinung und der Institution Kirche, der die Verkündigung des Evangeliums aufgetragen ist, hat unter den heutigen Verhältnissen besonders gravierende Folgen. Denn das Bild, das die Menschen unserer Zeit von der Kirche in sich aufbauen, wird immer stärker und ausschließlicher durch die Massenmedien geprägt. Insofern macht die Kirche keine Ausnahme von der allgemeinen Veränderung im Modus der Wahrnehmung: Allgemein tritt die Primärwahrnehmung zurück; was der Mensch mit eigenen Augen und Ohren von der „wirklichen" Welt, die ihn umgibt, unmittelbar erfährt, wird immer weniger gegenüber dem Anteil dessen, was er durch die Vermittlung von Medien erfährt.

Schon in den siebziger Jahren hat Gerhard Schmidtchen festgestellt, daß die Neigung zur Kritik an der Kirche mit dem Ausmaß der Mediennutzung korreliert. Das durch Medien erfahrene Bild der Kirche ist eben nicht das heimatlich-vertraute Erfahrungsbild des leibhaftigen Kirchgängers, sondern das in mehr als einem Sinne reflektierte, gebrochene, vielleicht manipulierte Bild, das ihm von anderen Orten her und mit anderen Menschen „übertragen" wird, nicht das Bild einer Kirche, die er selbst aufsucht, sondern das Bild einer Kirche, die ihm „vorgesetzt" wird.

Weniger denn je hat es heute die Kirche in der Hand, zu bestimmen, wann, wo, in welcher Gestalt und in welchem Lichte sie den Menschen präsentiert wird; und mehr denn je muß sie auf der Hut sein, damit sie nicht in falschen Zusammenhängen erscheint. Mehr denn je muß sie sich anstrengen, um den Menschen jenes Bild vor Augen zu führen, das sie von sich selbst in sich trägt und das sie weiterzugeben wünscht.

Es geht also, summa summarum, der Kirche als Institution in der Meinung der breiten Öffentlichkeit nicht besser, als es der katholischen Presse und dem katholischen Journalisten geht. Wer da nach ursächlichen Zusammenhängen sucht, wird mehr als eine Kausalbeziehung aufspüren. Man ist versucht, eine Gesetzmäßigkeit nach Art der kommunizierenden Röhren anzunehmen.

Auf die personale Seite der Sache weisen zwei Untersuchungen hin, die u. a. Auskunft erteilen über die religiös-kirchlichen Einstellungen von Journalisten in verschiedenen Medien der Bundesrepublik Deutschland. Eine Studie der „Arbeitsgemeinschaft für Kommunikationsforschung" (München) ergab, daß ein merkwürdiges Gefälle zwischen den Journalisten verschiedener Medien besteht: Ein Drittel der Fernsehjournalisten, ein Viertel der Hörfunkjournalisten und ein Sechstel der Pressejournalisten bezeichneten sich als „konfessionslos" („Repräsentative Journalistenenquete", München 1974, S. 96). Eine von der Gewerkschaft der Rundfunkschaffenden (REFU) veranlaßte Umfrage hatte ein noch drastischeres Ergebnis: 40% der Befragten bezeichneten sich als „ohne Konfession" („1. HFF-Sonderheft", Oktober 1979, S. 7). Beide Untersuchungen sind verständlicherweise bezweifelt worden, aber bezeichnenderweise hat niemand versucht, sie empirisch zu widerlegen. Man darf ihre Ergebnisse zwar nicht auf die Goldwaage legen; größenordnungsmäßig treffen sie wohl zu.

Einen ergänzenden Hinweis liefert ein Blick auf die Altersstruktur, die in der Münchner Untersuchung mit erhoben wurde: Das Fernsehen als das neueste Medium beschäftigt auch die Journalisten mit dem niedrigsten Durchschnittsalter.

Wenn das eine Erklärung für das Konfessionsgefälle ist, eröffnet sich keine erfreuliche Zukunftsaussicht.

Überzogene Erwartungen bereiten Enttäuschungen vor

Es gibt noch weitere und vielleicht folgenschwerere Paradoxien im Verhältnis von Kirche und heutiger Öffentlichkeit. Selbst Katholiken, die nach eigenem Bekunden nie einen Gottesdienst besuchen, setzen erstaunliche Erwartungen in die Kirche: 37% von ihnen erwarten, daß die Kirche „die Staatsmänner und Politiker in der Welt zu Gerechtigkeit und Frieden auffordert", 38% erwarten, daß sie sich „für ein menschenwürdiges Leben aller" einsetzt, 25% erwarten, daß sie auf „einen brüderlichen Umgang der Menschen miteinander" hinwirkt.

Bei näherem Hinschauen auf diese und andere Erwartungen an eine Kirche, die man gleichzeitig als eine „Kirche der Armen" ohne Macht, Einfluß und Reichtum wünscht, erkennt man, daß die meisten dieser Aktivitäten eine ständige Wirksamkeit *gegen* die eingewurzelten Neigungen der Menschen voraussetzen. Was gelehrt werden soll, ist die Anweisung zu einem tugendhaften Leben, die Zurückdrängung egoistisch-triebhafter Strebungen, die Motivation altruistischen Handelns. Was gepredigt werden soll, sind „soziale Gerechtigkeit" und „brüderliches (neuerdings geschwisterliches) Verhalten" – beide gehen im konkreten Fall zumindest einem Teil der Zuhörer durchaus gegen den Strich. Es ist ja nicht *nur* eine Konsequenz des Mangels an Priestern, daß man in kirchlichen Amtsstellen immer mehr Laien als Sozialhelfern, Lebensberatern, Psychologen, Pädagogen, Seelsorgeassistenten usw. begegnet. Auch in der Auffassung der Kirche über das, was sie den Menschen schuldig ist, hat sich ein Umbruch vollzogen, nicht nur in dem, was die Menschen von der Kirche erwarten. Aus einer Institution, deren Hauptzwecke Gottesdienst und Verkündigung, die Verkündigung einer unveränderlichen, wenn auch auslegungsfähigen Botschaft und die Verwaltung sakramentaler Heilsmittel war, aus der „Heils-Anstalt Kirche“, ist eine Organisation für Dienste am Menschen auch (und für viele vorwiegend) in seinen irdischen Nöten geworden, ein psychosozialer Service, eine Art Menschenschutzverein, dem „Roten Kreuz“ in dieser Hinsicht ähnlicher als beispielsweise der frühen wie der heutigen Orientalischen Kirche. Entsprechend hat sich auch das Bild vom Priester als „Funktionär“ dieser Kirche gewandelt: Ehedem der Gottesdiener, der ein von oben verliehenes Amt mit sonst nirgends gebotenen Vollmachten ausübte, ist er heute Mitglied eines Teams von Experten für alle möglichen Lebensfragen geworden.

Kann ein stetiges Wirken gegen den angeborenen Egoismus und den natürlichen Durchsetzungswillen des Menschen erhofft werden von einer Institution, in der die Handlungsanweisungen nicht mehr aus einem unverfügbaren Gesetz kommen, sondern von der „Basis“, von unten, von eben jenen Menschen, die belehrt, bekehrt, zurechtgewiesen, ermuntert, von ihren Irrtümern abgebracht und zum Guten hingelenkt werden sollen? Eine solche Institution zu „demokratisieren“, das heißt in ihrer Ordnung und in ihrem Handeln vom Willen der jeweiligen Mehrheit ihrer Mitglieder abhängig zu machen, hat offenkundig keinen vernünftigen Sinn. Wenn die Kirche den Auftrag ihres Stifters erfüllen soll, ja sogar dann, wenn sie lediglich den Erwartungen der Zeitgenossen an den „Menschenschutzverein“ gerecht werden will, ist sie immer wieder gezwungen, zu widersprechen, zu widerstehen, sich zu versagen – und das heißt: sie muß unpopulär sein. Sie kann gar nicht anders, als sich immer wieder unbeliebt zu machen.

Man sieht: Die Situation der katholischen Presse wie der katholischen Überzeugungstäter in den Medien insgesamt ist so wenig günstig wie die Situation der Kirche in der gegenwärtigen Welt überhaupt. Beide sitzen in einem Boot, das die Winde des Zeitgeistes umhertreiben. Beide können nichts ändern an der vertrackten strategischen Lage, in der sie sich befinden, nur taktische Hilfen können sie einander bieten.

Wer sich den Ozean nicht aussuchen kann, auf dem er sein Schifflein über Wasser halten muß, kann sich doch Gedanken darüber machen, wie und womit er das am besten zuwege bringt. Offensichtlich können die beiden Seefahrer nur *mit*einander an ihr gemeinsames Ziel gelangen, ob sie einander sonderlich sympathisch finden oder nicht. Falls sie nicht verblendet sind, ziehen sie aus dieser Tatsache den Schluß, daß sie einander nach besten Kräften unterstützen.

Nach meiner nun immerhin vier Jahrzehnte dauernden Erfahrung im Journalismus gibt es dort mehr Bereitschaft, an der Erfüllung von Aufgaben der Kirche mitzuwirken, als öffentlich in Erscheinung tritt und wahrgenommen wird, vielleicht auch mehr, als man sich in kirchlichen Amtsstuben träumen läßt. In manchen Fällen liegt das daran, daß die Hilfsbereiten nicht wissen, wo ihre Hilfe zugelassen wird, wo sie erwünscht ist und wo sie wirksam eingesetzt werden kann. Die Hilfsbedürftigen und die Hilfswilligen kennen einander zu wenig, sie wissen zu wenig voneinander und verstehen die Signale, die von der jeweils anderen Seite kommen, falsch oder gar nicht. Hier bedarf es eines ständigen, freimütigen Dialogs, der zur Institution wird und damit den Zufälligkeiten von plötzlich ausbrechenden Krisen, den persönlichen Stimmungen der Beteiligten und den Terminzwängen entzogen ist.

Ohne pastorale Strategie geht es nicht

Journalismus ist und wird hoffentlich – unbeschadet des Vordringens moderner Techniken in Redaktion, Druck und Verlag – auch in Zukunft sein: ein geistiger Beruf. Ein Beruf also, in dem nur wenig auszurichten ist mit Einzelanweisungen und Kontrollen, in dem es vielmehr auf die Übereinstimmung der Beteiligten in den Zielen ankommt, weniger auf Tagesbefehle als auf Gespräch, weniger auf detaillierte Vorschriften als auf Phantasie im Gebrauch der Mittel, mehr auf Vertrauen, das nicht anders denn wechselseitig sein kann, als auf Gehorsam.

Daher ist es unerläßlich, daß Journalisten, die am Auftrag der Kirche mitwirken wollen, rechtzeitig und mit der angemessenen Klarheit erfahren, wie der Seelsorgeplan ihrer kirchlichen Oberen aussieht. Eine effiziente publizistische Unterstützung dessen, was man früher Apostolat nannte und heute „Neu-Evangelisierung Europas" nennt, kann nicht ohne Kenntnis der Lage, wie sie sich in den Augen der Verantwortlichen darstellt, und der daraus resultierenden Maßnahmen in Seelsorge, Erziehung, Jugendarbeit, Bildungswesen, Theologen- und Priesterausbildung, Kirchenbau, Caritas usw. vernünftig ins Werk gesetzt werden. Vieles, was früher für beide Seiten selbstverständlich war, ist heute ungewiß, problematisch, kontrovers geworden. Ein kontaktloses Nebeneinander verschleißt nur die Kräfte.

Damit wird nicht einem Fünfjahreplan für die Rekatholisierung des Landes nach staatlichem Muster das Wort geredet. Eine solche Vorstellung wäre nicht nur unrealistisch, sondern auch ungeschichtlich und womöglich unchristlich. Als notwendig erscheint jedoch eine kontinuierliche Verständigung über eine gemeinsame Einschätzung der Situation sowie über Schwerpunkte des pastoralen wie des publizistischen Wirkens in der jeweils nächsten Zeit, eine Verständigung mit dem Ziel der freiwilligen Koordination, eine Verständigung, die über ein Krisenmanagement von Fall zu Fall hinausgeht und fairen Umgang miteinander voraussetzt.

Ein Beispiel soll das Gemeinte verdeutlichen: Im Dilemma zwischen den Entwicklungszielen „Volkskirche" und „Entscheidungskirche" werden nur wenige Radikale sich ausschließlich für die eine oder die andere Möglichkeit entscheiden. Für die weitaus meisten gibt es eher ein Sowohl-Als-auch; sie unterscheiden sich freilich nach dem Gewicht, das sie der jeweils einen Seite beimessen, und danach unterscheiden sich auch ihre pastoralen Empfehlungen. Vermutlich gelangt man zu verschiedenen Gewichtsverteilungen, wenn man vornehmlich großstädtische, kleinstädtische, ländliche Verhältnisse im Auge hat. Ein ähnlich differenziertes Bild muß man dann auch für eine publizistische Analyse in Kauf nehmen, etwa bei Überlegungen für Aufmachung und Inhalt des Bistumsblattes, für Pfarrbriefe, für vorbeugende und nachsorgende Medienpädagogik.

Was tun die Journalisten für die Kirche – was tut die Kirche für die Journalisten?

Seitdem kirchliche Amtsträger sich in öffentlichen Erklärungen mit dem Journalismus und den Journalisten beschäftigen, betonen sie, welchen gewaltigen Einfluß Medienmacher ausüben könnten und wie groß daher deren Verantwortung sei, „das Gute in den Volkskörper zu leiten und das Böse von ihm fernzuhalten" (Eugenio Pacelli 1928 in Magdeburg). Bis in die jüngste Zeit hinein entdeckt und formuliert man in Rom und anderswo Aufgaben für diese mächtigen Kommunikationsmedien und appelliert an die Journalisten, sie in den Dienst einer guten und wichtigen Sache zu stellen: in den Dienst am Frieden, an der Völkerverständigung, der Entwicklung, der Anerkennung der Menschenrechte, der Familie, des ungeborenen Kindes usw. Auch die Leitworte, die alljährlich zur weltweiten Feier des „Mediensonntags" ausgegeben werden, bedienen sich regelmäßig solcher Formeln, nach denen die Medien als Werkzeuge zur Erreichung eines bestimmten Zweckes eingesetzt werden sollen.

Offenbar ist ganz in Vergessenheit geraten, wie klar das Zweite Vatikanische Konzil erkannt und ausgesprochen hat, daß die „instrumenta communicationis socialis" zunächst einmal Werkzeuge zur Förderung der zwischenmenschlichen Kommunikation zu sein haben, daß ihr primärer Daseinszweck der Gedankenaustausch zwischen den Menschen ist, so daß alle anderen Zwecke, und wären sie noch so edel und wichtig, erst in zweiter Linie rangieren.

Hier ist eine Wiederherstellung des früheren Bewußtseins nötig, die Rückbesinnung auf einen Erkenntnisstand, der, schwer genug, schon einmal erreicht und formuliert war, aber im Getriebe des nachkonziliaren Alltags wieder verlorenging. Man kann die originäre Sicht des Konzils nicht besser ausdrükken, als dies in den grundsätzlichen Abschnitten von „Communio et Progressio" geschehen ist. Dieses Dokument gehört – übrigens auch unter wissenschaftlichen, sprachlichen und überhaupt weltlichen Kriterein – zu den bedeutendsten kirchlichen Texten unserer Zeit.

Für die Praxis ist entschieden zu verlangen, daß die ganze Kirche, die Hirten wie die Herde, in gleicher Weise und Ernsthaftigkeit die Eigenart und den Hauptzweck der Kommunikationsmittel anerkennen; daß sie, bevor sie allerlei Forderungen nach deren Einsatz für andere Zwecke erheben, die Erfüllung der genuinen Aufgaben im Bereich von Information, Orientierung und Kritik ermöglichen müssen. Das bedeutet mehr als einen Wetterumschlag von Regen zu Sonne, das bedeutet einen Klimawechsel.

Jahrhundertelang ist die Kirche nicht müde geworden, zu wiederholen, was sie von ihren Söhnen und Töchtern, die in dieser Berufswelt arbeiten, erwartet und verlangt. Mahnungen und Verurteilungen waren häufig, auch Anerkennungen hat es gegeben. Aber es ist jetzt an der Zeit, daß sich die Kirche fragen läßt, was sie für diese ihre Söhne und Töchter zu tun imstande und bereit ist, damit diese ihren um so viel schwieriger gewordenen Aufgaben besser gerecht werden können.

Ungenutzte Möglichkeiten und Angebote

Zu den Rätseln im Verhältnis von Kirche und Medienwelt gehört die Tatsache, daß die verantwortlichen Stellen, seien es Einzelne, seien es Gremien oder Räte, von den großen Möglichkeiten, wissenschaftliche Untersuchungen als Entscheidungshilfen heranzuziehen, erstaunlich selten Gebrauch machen. Sie setzen von sich aus solche Analysen nur sporadisch und mit Zögern ein, und dort, wo sie es tun, ziehen sie oft keine praktischen Konsequenzen aus den gewonnenen Ergebnissen. Die vielberedete „Öffnung zur Welt" findet hier nicht statt, sonst bemerkte man, wie jedes moderne Management heutzutage die Erfolgsaussichten seines Handelns durch die Auswertung sozialwissenschaftlicher Empirie zu optimieren versteht.

Es hat sich längst herausgestellt, daß der religiös-kirchliche

Bereich sich den Untersuchungsinstrumenten, wenn diese von kundigen und sensiblen Händen gebraucht werden, durchaus nicht verschließt. So haben die von Gerhard Schmidtchen und Karl Forster geleiteten Umfragen zur Würzburger Synode in den frühen siebziger Jahren, aber auch die Untersuchungen der Fernsehberichterstattung zu Katholikentagen und Papstbesuchen (Düsseldorf 1982, Wien 1983, München 1984) eine Fülle wertvollen Materials geliefert, das, würde es mit einiger Konsequenz ausgeschöpft, die Seelsorge in mancher Hinsicht effizienter, die Öffentlichkeitsarbeit zielgenauer und die Priesterausbildung bedarfsgerechter machen könnte. Mit dem Tod Karl Forsters ist allerdings dem deutschen Katholizismus eine Antriebskraft verlorengegangen, die von priesterlichen wie wissenschaftlichen Impulsen gleichermaßen geprägt war, und seither ist der hoffnungsvolle Ansatz einer empirischen Grundlegung für die Strategie kirchlicher Menschen- und Weltbeeinflussung nicht mehr entscheidend weiterentwickelt worden.

Ein Beispiel, das die journalistische Berufsarbeit unmittelbar angeht, soll erläutern, worauf es hier ankommt:

Im Rahmen einer größeren Serie von Untersuchungen über die Lage der Kommunikationsberufe in Deutschland hat P. Eckhard Bieger SJ am Münchner Institut für Kommunikationswissenschaft eine Magister-Arbeit über „Die Redakteure der Bistumspresse“ (Paderborn 1978) vorgelegt, in der das Berufsverständnis, das Kirchenbild und die Leserschafts-Vorstellungen dieser kleinen, aber ungemein wichtigen Journalistengruppe mit Nüchternheit und Sympathie beschrieben wurden. Viele nützliche Erkenntnisse kamen dabei zutage, harte Fakten wie diffuse Ängste, begründete wie unbegründete Meinungen, auch Emotionen, Selbstzweifel und Fehleinschätzungen. Vor allem kam zutage, daß die Mehrheit der befragten Redakteure der Diözesanpresse ein unzutreffendes Bild von dem, was ihre Leser an Themen und Informationen erwarteten, in sich trug und zur Richtschnur ihrer täglichen Arbeit machte. Mit der ganzen Naivität, die den Journalistenstand überhaupt seit Jahrhunderten in Sachen Leserinteressen begleitet, nahmen auch die Kirchenblattredakteure an, ihre Leser müßten sich genau für das interessieren, was sie selbst interessierte. So ergab sich eine erhebliche Unterschätzung des Publikumsinteresses an Themen der Glaubensverkündigung, z.B. an der Frage nach den Letzten Dingen – die Redakteure setzten sie in einer ihnen vorgelegten Rangliste auf die sechste Position, die befragten Katholiken aller Altersgruppen hatten ihr den ersten Rang eingeräumt. Dafür bewerteten die Redakteure das Interesse ihrer Leser an aktuellen „Diskussionsbeiträgen zu theologischen Fragen" und an Berichten über die Verwendung von Spendengeldern viel zu hoch. Man sieht: Auch hier gibt es typische Insider-Probleme, die kontinuierlich aufgespürt und bekämpft werden müssen, wenn die „déformations professionnelles" nicht den Erfolg des beruflichen Wirkens blockieren sollen.

Es ist nicht bekanntgeworden, ob und in welchem Sinne in den Redaktionen der Bistumsblätter die Arbeit von Eckhard Bieger diskutiert wurde; daß sich seither an der Themenmischung deutliche Veränderungen zugetragen hätten, läßt sich jedenfalls nicht feststellen.

Es gibt außerdem zahlreiche Untersuchungen aus der allgemeinen Sozialforschung, zumal aus der Umfrageforschung, die, ohne speziell auf das kirchliche Erkenntnisinteresse ausgerichtet zu sein, doch wertvolle Daten über die Seelenlage der Zeitgenossen, über die Einstellungen zu Religion und Moral, Familie, Ehe und Erziehung usw. enthalten und bei sorgfältiger Auswertung sehr nützliche Dienste leisten könnten. Es ist Renate Köcher (Institut für Demoskopie Allensbach) zu verdanken, daß wichtige Ergebnisse aus der großangelegten „Internationalen Wertestudie" mitgeteilt und in ihrer Bedeutung für das Überleben des Glaubens in der Welt von heute und morgen aufgeschlossen worden sind (vgl. u.a. „Die verletzte Nation", zusammen mit Elisabeth Noelle-Neumann, Stuttgart 1987).

Es mag in manchen Ohren frivol klingen, sollte aber vielleicht doch mit einem gewissen Sympathievorschuß zur Kenntnis genommen werden: Wäre die Kirche ein weltliches Unternehmen, auf Rentabilität angelegt und daher auf optimale Erschließung des Marktes für seine Produkte angewiesen, könnte sie sich den bisher geübten weitgehenden Verzicht auf systematische Erforschung der Sorgen, Wünsche und Bedürfnisse der potentiellen Abnehmer wie der Stammkunden nicht leisten. Gewiß, die Kirche kann und darf sich kein klassisches Marketing-Konzept zulegen, sie ist nicht Herrin über ihr „Produkt", es ist ihr aufgetragen, ihre Botschaft unverkürzt zu verkünden, auch auf die Gefahr hin, damit anzustoßen. Es gehört aber auch in ihre Verantwortung, daß sie diese ihre Botschaft zur rechten Zeit und in der richtigen Weise anbietet. Keinesfalls darf sie jene Fragen unberücksichtigt lassen, die in den Menschen für Unruhe sorgen, auch für die „Unruhe zu Gott" (W. Verkade). Sie darf den Dialog nicht verweigern, in dem die Fragen von den Menschen abgenommen, die Antworten in der Überlieferung des Glaubens gesucht werden müssen.

Die prägende Kraft des Bildes

Zu den am besten gesicherten Erkenntnissen der Kommunikationswissenschaft gehört die Entdeckung der prägenden Macht von Bildern und Zeichen. Stärker, tiefer, bleibender als Worte dringen Bilder und Zeichen in das Gedächtnis ein, verweilen im Gefühls- und Erlebnisvorrat des Menschen. Das „affektive Gedächtnis" hält ein Leben lang vor, während kognitive Inhalte rasch vergessen zu werden pflegen, zumal von den Menschen im „optischen Zeitalter" (Karl Pawek).

Auch hier sei es erlaubt, ein Beispiel aus der Wirtschaft anzuführen, weil es zeigt, daß dort, wo exakte Erfolgskontrolle zu den Selbstverständlichkeiten gehört, auf die Anwendung wissenschaftlicher Erkenntnisse nicht verzichtet wird, ja im Konkurrenzkampf gar nicht verzichtet werden kann. „Corporate Identity" ist heute ein Schlüsselbegriff der Unternehmensführung. Er umfaßt die Einstellung der Betriebsangehörigen zu ihrer Firma, die Kompetenz des Managements in jeder Hinsicht, auch in der Menschenführung, und nicht zuletzt das Gesamtbild, das die Firma, ihre Produkte, ihre Mitarbeiter, ihre

Werbung in der Öffentlichkeit präsentieren. Um dieses Bild zu verdeutlichen, unübersehbar und unverwechselbar zu machen, es im Gedächtnis der Verbraucher zu verankern, werden keine Mühen und Kosten gescheut. Vom Briefkopf bis zur Warenverpackung, vom Namensschild an den Bürotüren bis zum Fernsehspot wird alles von ausgewählten Graphikern „durchgestaltet", um ein einheitliches, eindrucksvolles Öffentlichkeitsbild zu erzeugen und als werbendes „image" wirken zu lassen. Die Identifizierung von Hersteller und Produkt ist ein unverzichtbares Mittel des Erfolgs geworden. Der Nutzen läßt sich in schlichten Zahlen messen.

Die Kirche kannte den Begriff „Corporate Identity" auch früher nicht, aber sie wußte besser als heute, was die Sache, die in diesem Wortpaar steckt, wert ist. Gotteshäuser hoben sich durch Größe und Gestalt aus ihrer Umgebung heraus, der Turm bezeugte sinnenfällig die Richtung des Glaubens. Priester und Ordensleute waren als solche an ihrer Kleidung erkennbar; sie verwiesen damit auf die Präsenz der Kirche und eines ausschließlich Gott geweihten Lebens mitten im Alltag der Menschen. Was eine Prozession bedeuten kann: als Glaubensbekenntnis, als Solidaritätszeugnis, als Kundgebung für Religionsfreiheit, auch als Protest gegen Menschenrechtsverletzung und Gewissenszwang, das weiß jeder, der in einem totalitären Regime gelebt hat oder lebt, sei es im Deutschland Hitlers, sei es in Polen nach 1945. Und wer sich der Jugend-Rebellion der sechziger Jahre erinnert, der kennt die mobilisierende, ja einschüchternde Kraft von nach außen gewandten Überzeugungen: von Autoaufklebern, Spruchbändern, Transparenten, Sprühdosenparolen und Bekenntnisknöpfen.

Die Macht von Bildern und Zeichen wirkt auch im Kirchenraum. Auf dem in Volksnähe gerückten Altar stehen heute fast immer Blumenvasen und Mikrophone, höchst selten das vorgeschriebene Kruzifix. Viele Priester verzichten auf die Kniebeugung vor dem Tabernakel, wenn sie zum Altar schreiten, andere beugen ihre Knie auch nach der Wandlung nicht mehr. Während der Einsetzungsworte dürfen die Konzelebranten zwar die Hand zum Altar ausstrecken – eine Geste, die von einem mittleren Opernregisseur erfunden sein könnte –, aber offenbar ihr Knie nicht beugen – warum eigentlich nicht? Woran soll das mitfeiernde Kirchenvolk noch erkennen, daß Gott in die Mitte der Gemeinde tritt, leibhaftig gegenwärtig wird, die einzige Person diesseits und jenseits der sichtbaren Welt, vor der auch der Mensch von heute in all seinem Selbstbewußtsein das Knie noch zu beugen hat? Kann es verübelt werden, wenn da manch einer zweifelt, ob die Zelebranten am Altar selber an Gott und seine Gegenwart glauben?

Vielleicht wäre es heilsam, die Bischöfe spielten ab und zu ein wenig Harun al-Raschid und besuchten unerkannt einen ganz gewöhnlichen Sonntagsgottesdienst in einer ganz gewöhnlichen Pfarrkirche, sie gäben sich nicht zufrieden mit dem Ausnahmebild, das ihnen begegnet, wenn sie zu Firmung, Jubiläum oder Visitation erscheinen. Sie würden dabei zuweilen erschrecken über die Willkür der Formen und Texte, die ihnen begegnet, über die Leere in den Kirchenbänken, über das Hereinstolpern von groß und klein, ohne Kreuzzeichen, ohne Andachtsaugenblick, ohne Gruß an den verborgen wartenden Herrn des Hauses. Sie müßten auch erschrecken über manche kalkulierte Regelverletzung durch den Liturgen, über seltsame Fürbitten, auch solche, die nur scheinbar an Gott, in Wirklichkeit an sehr irdische Potentaten gerichtet sind, über freischaffende Kanon-Dichter, über angebliche Jugend- und Kindermessen, die nicht einmal ihrer Struktur nach als Eucharistiefeiern erkennbar sind, vor allem aber über die durch keinerlei psychologische Kenntnis getrübte Neigung, Gottesdienst müsse „gestaltet" werden, als fehlte es ihm von Hause aus an dieser Gestalt, als sei er nicht gerade in dieser seiner Gestalt überliefert, als müsse er immer wieder neu und anders gestaltet werden, als werde er um so besser, für den Menschen anziehender und Gott wohlgefälliger, je weiter diese gestaltete Gestalt abweiche von der überlieferten und vorgeschriebenen.

Was da geschieht, mag manchmal aus Schlamperei geschehen, meistens geschieht es in bester Absicht und mit erheblichem Aufwand. Aber es ist das genaue Gegenteil dessen, was die Wissenschaft als eine der Grundlagen erfolgreicher Menschen- und Betriebsführung erkannt hat und als „Corporate Identity" bezeichnet.

Früher war es klar und allgemein bekannt, was einen Katholiken, der zu seiner Kirche hält, von anderen Zeitgenossen unterscheidet: Er aß freitags kein Fleisch, er ging zur Beichte, er nahm an der Sonntagsmesse teil, und wenn er fromm war, fastete er ernsthaft und betete den Rosenkranz sowie die Tagesgebete. Er kniete in der Kirche nieder, wo sich das gehörte, er machte das Kreuzzeichen. Und wenn er ein Kreuz am Wege bemerkte, lüftete er den Hut, falls er einen trug. Das alles gibt es heute nicht mehr oder nur in Ausnahmefällen, die dann als sonderbar angesehen werden. Die öffentlichen Zeichen der Konfessionszugehörigkeit sind untergegangen, Gott ist unsichtbar geworden. Selbst die Glocken sind verstummt, wo sie den Sonntagsschlaf störten. Dadurch ist mehr für die vielbeklagte „Privatisierung der Religion" getan worden, als Verfassungsbestimmungen und Gesetze tun können. Für alle diese Veränderungen mag es Gründe geben, auch einige sogenannte gute Gründe. Die Charakterisierung des Katholiken nach den äußeren Merkmalen, die früher allzu naiv gewesen sein mag, ist wohl zu Recht aufgegeben worden – aber wenn bessere, nämlich innere Charakteristika an die Stelle getreten sind, können sie nicht wahrgenommen werden. Innerlichkeit sieht man nicht. Die Kirche, die nicht für ihre Sonntagsglocken gekämpft hat, als die Bequemlichkeit der Wochenendschläfer sie zum Schweigen bringen wollte, muß heute an einer viel schwierigeren Linie gegen eine Ausweitung der Sonntagsarbeit kämpfen – einen Kampf, den sie in „katholischen Ländern" seltsamerweise nie so recht ernst genommen hat.

Auch für Journalisten kann man beten

Es hat Zeiten gegeben, da Journalisten nicht zur „guten Gesellschaft" gehörten. Sie standen damals den Gauklern, Spielleuten und Vaganten näher als den „zunftmäßigen" Bürgern. Später wurde Journalismus ein angesehener, auch gefürchteter

Beruf, akademische Vorbildung zierte seine herausragenden Vertreter. Die moralische Gefährdetheit ist ihm allerdings geblieben, neben den Gefahren aus Unrast, Terminnot, Nachtarbeit – und aus politischem Engagement. Søren Kierkegaard und Gustav Freytag seien dafür als Zeugen angerufen, so weit auseinander sie sonst liegen mögen. Vielleicht kann man die heutige Zeit als eine Epoche bezeichnen, in der Journalisten höchsten Ansehens neben Kollegen der untersten Etagen die öffentliche Aufmerksamkeit erregen, Vorkämpfer für die Achtung der Menschenrechte, die sich selbst nicht schonen, und Aasgeier, denen menschliche Regungen fremd zu sein scheinen, Künstler und Voyeure, Bekenner und Schwindler, Helden und Betrüger.

Möglicherweise wird eine Truppe routinierter Techniker die nächste Epoche bestimmen, der Typ des „Redaktronikers" zum Beispiel, den es schon gibt, dessen Namen das Publikum kaum kennt, oder aber der Typ des Bildschirm-Beherrschers, des Infotainers, des Dampfplauderers, ohne den keine Show, kein Quiz, kein Magazin, kein Werbespot mehr auskommt und den deshalb jeder kennt. Was von der parasitären Prominenz, die auf solche Weise entsteht, auf die Dauer zu halten und zu gewärtigen ist, stellt ein eigenes Thema dar, das die Älteren unter den Berufsangehörigen gelegentlich darüber trösten mag, daß sie zu den Älteren gehören. Aber auch das werden Menschen sein, für die Gott seinen Sohn in diese Welt geschickt hat, von ihrem Publikum gar nicht zu reden. Einmal in der Woche sollten wir daran denken. In den Fürbitten am Sonntag gibt es ab und zu dafür noch ein wenig Platz.

Karl Holzamer

Erfahrungen und Erwartungen im Verhältnis von Kirche und Rundfunk

Wenn man seit fast 57 Jahren in den verschiedenen Funktionen als Sachbearbeiter, als Mitglied eines Rundfunkrates, als Intendant und natürlich auch immer als Hörer und Zuschauer am Verhältnis Kirche – Rundfunk aktiv und passiv beteiligt war, kann man sicher eine Bilanz aus diesen *Erfahrungen* sehr unterschiedlicher Art ziehen. Die *Erwartungen,* die bei der dafür interessierten Öffentlichkeit seit 1923 – dem Beginn des Rundfunks in Deutschland – in sehr verschiedenen Phasen gehegt wurden, sind am Ende alle auf den Grundnenner zu bringen, daß die Kirche ihre einzigartige und spezifische Haltung in Welt und Gesellschaft auch im Medium Rundfunk erhält und in diesem „Instrument der sozialen Kommunikation", wie es das Konzilsdekret ausdrückt, ihren Sendungsauftrag mit erfüllt („Lehret alle Völker und taufet sie"). Die *Erfahrungen,* um mit ihnen zu beginnen, fallen, soweit es die mit der *Kirche* betrifft, überwiegend *positiv* aus. Die mit dem Rundfunk durchaus nicht immer in gleicher Weise, zumal in der NS-Zeit. Hier zeigt sich deutlich, daß das Verhältnis Kirche und Medien auch immer im Bezug zum Verhältnis der Kirche zum Staat und der in ihm verfaßten Gesellschaft steht. Es lassen sich daher drei Zeitabschnitte in diesem Betracht unterscheiden: Weimarer Zeit bis 1933; NS-Zeit bis zum Entstehen neuer deutscher Rundfunksender nach dem Zusammenbruch; Rundfunk und damit auch Fernsehen im Verhältnis zur Kirche (zu den Kirchen) nach dem Kriege bis zur Gegenwart.

Von 1923 bis 1932/33 waren die in Deutschland bestehenden Rundfunkanstalten in der Form von relativ staatsunabhängigen Aktiengesellschaften organisiert, bei denen die

Reichspost die Sender und die entscheidenden Anteile besaß, ohne in den Programmbetrieb eingreifen zu können. Der Rundfunk wollte politisch neutral bleiben und übernahm etwa die Nachrichten vom Drahtlosen Dienst der Dradag in Berlin; politische Parteireden waren bis 1932, soweit ich mich erinnere, nicht im Programm geduldet. Es bestanden an den einzelnen Sendern, so auch beim Westdeutschen Rundfunk in Köln, dem ich seit 1931 angehörte, „Kulturbeiräte", in denen auch die Kirche vertreten war. In Köln war es Prälat Bernhard Marschall, der auch um eine Gesamteinflußnahme von kirchlicher Seite aus in den anderen Sendegebieten bemüht war. (Die Bemühungen liefen über Tagungen und über das Zentralkomitee der deutschen Katholiken).

Bei diesem letzten Stichwort erinnere ich mich an eine Aussprache bei einem Katholikentag (es könnte Freiburg 1928 gewesen sein), bei der Prälat Marschall mitteilte, daß der Zentrums-Reichskanzler Dr. Wilhelm Marx ein Manuskript seiner Rede auf einer Katholikentagsveranstaltung beim Rundfunk vorlegen mußte, was bei P. Friedrich Muckermann SJ Empörung in dieser Runde auslöste. Tatsächlich gab es keine Hörfunksendung (außer bei Ereignis- oder Sportübertragungen), bei der nicht ein überprüfbares Manuskript vorlag. Mit einer interessanten Ausnahme (und damit bin ich wieder ganz beim Thema)! Der Franziskanerpater Dionysius Ortsiefer konnte mit Sondererlaubnis des Kölner Intendanten Ernst Hardt seinen „Besuch am Krankenbett", der regelmäßig wiederkehrte, frei sprechen – und natürlich ohne vorhergehende Tonaufnahme. Das war eine der eindringlichsten und wirksamsten, auch durch und durch religiösen Sendungen, die mir je in Erinnerung geblieben sind. Obwohl auch damals der Hörfunk schon ein Masseninstrument war, wandte sich der damalige Kölner Domprediger förmlich an jeden einzelnen, den er mit seiner Stimme besuchte. Es war gleichsam ein Sprechen von innen heraus, das in gleicher Weise von einem optischen Kommunikationsinstrument nicht erreicht werden kann. – Im übrigen war es selbstverständlich, daß Übertragungen von Messen zumal an Feiertagen ausgestrahlt wurden. Dabei entzündete sich eine Diskussion darüber, ob nicht eine Meßübertragung die tatsächliche Teilnahme am sonntäglichen Gottesdienst – als Mißverständnis – ersetze.

Im Gesamtverhältnis von Kirche und Rundfunk zeigte sich, wenn ich es so ausdrücken darf, so etwas wie eine abwartende und mindestens nicht unfreundliche Neutralität, die sich je nach den handelnden Personen, zumal innerhalb des Rundfunks, auch zu einer wohlwollend positiven Haltung zur Kirche wandelte. Wenn beispielsweise ein Katholik wie Dr. Martin Rockenbach die Dichtung und Literatur im Westdeutschen Rundfunk als Abteilungsleiter besorgte, so brachte dies natürlich das christliche und religiöse Moment und die davon zeugenden Dichter und Schriftsteller ganz selbstverständlich zum Tragen. Dieser gar nicht offiziell zwischen Kirche und Rundfunk etwa „ausgehandelte" oder „gesteuerte" Einfluß hat sich m. E. in der zweiten Phase, die hier kurz zu schildern ist, erst richtig bewährt und sollte überhaupt in einer der Humanität verschriebenen demokratischen Gesellschaft, auch wenn sie sich ausdrücklich als nicht christlich gebunden versteht, eben selbstverständlich sein. Was die im Rundfunk Tätigen dabei angeht, sollten wir das Wort Pius' XII. auch als christliche Laien wahr machen: „Ihr gehört nicht nur zur Kirche, ihr seid Kirche." – Dann bleibt dieses hier angesprochene Verhältnis nicht bloß eine gesellschaftliche Beziehung, sondern eine ganz persönliche.

Das wurde in der NS-Zeit dann, wie ich an Beispielen zeigen kann, evident. Nach der Machtergreifung Hitlers am 30. Januar 1933 beruhigte man sich kirchlicherseits ein wenig damit, daß ja im Jahre 1932 ein Reichskonkordat mit dem Vatikan geschlossen worden war, das schon in der Weimarer Zeit vorbereitet, aber erst unter der Kanzlerschaft von Papens rechtsgültig wurde. Eben dieser Vizekanzler Papen unter Hitler und der Reichspräsident von Hindenburg konnten Garanten eines geordneten Verhältnisses Kirche – Staat sein und, wie manche meinten, zur Zähmung dieser politisch „Unerfahrenen" beitragen; der Spuk konnte gar nicht lange währen. Man täuschte sich, und die Skeptiker behielten recht, daß auch das

„Positive Christentum", das die Nazis als Parole vor sich hertrugen und das ohnehin verwaschen genug war, nur eine bewußte Täuschung war, die leider auch ihre düpierten Anhänger bei der Stange hielt.

Der Kölner Kardinal hielt es für angezeigt, um eine möglichst reibungsfreie Weiterführung der kirchlichen Zusammenarbeit mit dem Kölner Rundfunk zu ermöglichen, daß ein Wechsel des kirchlichen Beauftragten von Prälat Marschall zu dem damaligen Domvikar Hubert Leiwering in Münster (Westf.) erfolgte.

Doch mit dem Amtsantritt des neuen, von Goebbels eingesetzten Intendanten änderte sich bald manches, auch wenn der neue Intendant (Dr. Glasmeier) ein Kreuz in seinem Dienstzimmer aufhängte und mich, der ich nun die „konfessionellen Morgenfeiern" zu betreuen hatte (den Schulfunk hatte man mir abgenommen), mit Stolz darauf aufmerksam machte. Der „Besuch am Krankenbett" (weil frei improvisiert) entfiel. Die Ansprachen in den Morgenfeiern mußten als Manuskript eingeschickt werden, und der Intendant ließ sie sich von mir regelmäßig vorlegen, um sie mit seinem Grünstift gutzuheißen. Das war natürlich Zensur gegenüber der Kirche, der ja die freie Verkündigung der Botschaft zustand und zusteht. Diese Tatsache war aber auch eine gute Zeit lang ein Schutz für eine wirklich christliche Verkündigung.

Um dem Vorlagezwang von Manuskripten zu entgehen, wichen wir auf eine Art Reportagesendungen aus. Wenn am ersten Sonntag im Monat das Eintopfessen im Zeichen des Winterhilfswerkes proklamiert und auch durchgeführt wurde, ließen wir z.B. die Morgenfeier aus einem Krankenhaus der Caritas kommen, was u.U. in der Wirkung intensiver sein konnte als eine noch so gute Predigt. – Eine Aufnahme von einer Predigt des Bischofs von Münster und späteren Kardinals Graf Galen, des furchtlosen Kämpfers gegen das Nazi-Unrecht, in dem Wallfahrtsort Telgte konnte ich zwar durchführen, eine Ausstrahlung wurde mir aber nicht gestattet. Auf evangelischer Seite suchten die „Deutschen Christen" sich auch mit ihren dem System ergebenen Auffassungen in die konfessionellen Morgenfeiern einzudrängen. – Die rechtmäßige Vertretung der evangelischen Kirche hat das in aller Regel klug zu verhindern gewußt und eher einen Repräsentanten der Bekennenden Kirche zu Wort kommen lassen. – Die Tugend der Klugheit war jedenfalls gefragt. Und auch die des Mutes. Das zeigte sich in den letzten Jahren vor Kriegsbeginn 1939. Die Reichssendeleitung in Berlin gab an alle Reissender die Weisung, alle konfessionellen Morgenfeiern und Übertragungen einzustellen.

Statt dieser Anweisung zu folgen, nahm mir der damalige Sendeleiter, heute Programmdirektor, ein überzeugter evangelischer Christ und Träger des goldenen Parteiabzeichens der NSDAP, die Angelegenheit aus der Hand und hielt selbst eine christliche Morgenfeier, gestützt auf zahlreiche Lutherzitate, um anzuzeigen, daß Köln nicht daran dächte, diese religiösen Veranstaltungen einzustellen. Und der mutige Parteigenosse machte seinem Namen „Hartseil" alle Ehre, und Berlin gab nach. – Doch gleich darauf wieder eine NS-Schikane: alttestamentarische Texte und Lieder durften in keiner Sendung mehr vorkommen. Also zur Weihnacht durfte „Es ist ein Ros' entsprungen" nicht gesungen werden, weil die „Wurzel Jesse" darin vorkommt. Man stelle sich einen solchen Widersinn konkret vor. Ich sprach mit dem Vertreter des Kölner Kardinals Prälat Lenné und schlug ihm in meiner jugendlichen Erbitterung vor: „Werfen Sie doch dem Rundfunk diesen Bettel vor die Füße!"

Klug gedacht, aber ohnehin in einem totalitären System gänzlich unmöglich, da uns ja den Grund zu sagen nicht gestattet wurde und man umgekehrt in der Öffentlichkeit erklärt hätte: „Die Kirche gestattet keine religiösen Sendungen mehr. Wir müssen das allein machen." Prälat Lennè fügte noch hinzu: „Solange noch die Chance besteht, überhaupt christliches Gedankengut unverfälscht an die Hörer heranzubringen, halten Sie es durch." Der Westdeutsche Rundfunk war überhaupt der letzte Reichssender, der noch die kleine Möglichkeit besaß. Fazit daraus: In einem totalitären System helfen auch die besten Verträge (wie das Konkordat) nicht, wie auch heutige Beispiele zeigen, wo selbst kirchliche Privatsender zur Einstellung des Programms gezwungen werden.

Die dritte Phase beginnt mit der Begründung deutscher Rundfunksender durch die Besatzungsmächte noch vor dem Entstehen der Bundesrepublik, in der sie schließlich durch Gesetze und Staatsverträge ihre endgültige Struktur bekommen – am deutlichsten m. E. im Staatsvertrag über das ZDF (6. 6. 61) und dem Bundesgesetz zur Errichtung des Deutschlandfunks und der Deutschen Welle. Soweit meine *Erfahrungen* zum Verhältnis Kirche – Rundfunk sich mit dieser Entwicklung seit 1949 verbinden, decken sie sich zu einem großen Teil (nicht immer und überall) mit den *Erwartungen,* die sich für dieses saubere und gediegene Verhältnis Kirche – Rundfunk für die Zukunft ergeben.

Das m. E. zu den notwendigen Erwartungen zu rechnende Moment im Verhältnis Kirche – Rundfunk ist doppelter Art. *Einmal* im gesetzlich begründeten Anspruch der Kirche selber, in direkter oder in indirekter Form an der *Gestaltung,* der *Beratung* und der *Mitkontrolle des Rundfunks* beteiligt zu sein, und zweitens einen *Anspruch* auf *Sendezeiten gottesdienstlicher* und *gesellschaftlich Stellung beziehender Sendungen* zu haben. Beides ist in den Staatsverträgen (ZDF) und Gesetzen (Deutschlandfunk und Deutsche Welle) m. E. vorbildlich und in der praktizierten Handhabung beim ZDF (wo ich es übersehe) konkret verwirklicht. Aus eigenem Recht und eigener Wahl sind Kirchen im entscheidenden Aufsichts- und Kontrollorgan vertreten (und nicht wie es beim Westdeutschen Rundfunkgesetz war, auf die zufällige Wahl eines oder mehrerer Kirchenvertreter durch den NRW-Landtag angewiesen – das war immer schon ein rechtlich unzulässiger Paragraph, mit dem man dann auch das Bundesverfassungsgericht befassen mußte). Dabei sollte – und damit vertiefe ich die Erwartung für die Zukunft – die Kirche bei voller Anerkennung dieser guten gesetzlichen Regelung, und ohne ihre Bescheidenheit aufzugeben, sich nicht auf die gleiche Stufe wie Sport-, Wohlfahrts- und die Vertretungen der gesellschaftlichen Tarifpartner stellen lassen. Denn diese sind bewußt als maßgebliche und berechtigte Interessengruppen anzusehen, während Kirche einen wirklich im Vollsinn gemeinnützigen und alle Menschen gleichermaßen angehenden Auftrag besitzt. Das darf aber auch nicht als Machtanspruch mißverstanden werden. Es ist ein Dienst. Diese Position hat sich nach meinen Erfahrungen auch als überaus nützlich in der Erarbeitung von Programm-Rückblicken im ZDF und als ausgleichendes und integrierendes Moment bei allen gesellschaftlich relevanten Gruppierungen, einschließlich der Parteien, erwiesen.

Das gleiche Dienstanliegen gilt auch für den Anspruch auf Sendezeiten, der – wie schon angedeutet – nicht nur regelmäßige gottesdienstliche Übertragungen, sondern auch Stellungnahmen zu Zeitproblemen und zur moralischen und sozialen Gesellschaftssituation einschließt. Gerade dieser letzte Faktor fordert von den Ausführenden Fingerspitzengefühl, und er sollte sich nicht mit Prätention, jedoch mit begründeter Entschiedenheit in das gesamte Programm einfügen. Auch völlig integrierte Programme (wie etwa „Kontakte" beim ZDF) können diesen Dienst leisten.

Damit stoße ich auf eine sehr dringende Erwartung, der der Adressat dieser Schrift nicht nur zustimmt, sondern aus seiner früheren Tätigkeit in den Medien und als Bischof seine ganze Aufmerksamkeit und Tatkraft widmete, die Erziehung und Bildung von Laien und Priestern als Mitgestalter solcher Hörfunk- und Fernsehsendungen, die gläubig und fachlich ausgerüstet dieses Geschäft verstehen. Dieses erstreckt sich nicht nur auf jetzige und zukünftige Mitarbeiter in den Rundfunkhäusern, sondern auch auf freie Produzenten. Diese Aufgabe erscheint mir noch ausbaufähig und viel entscheidender zu sein, als etwa sich nur darauf zu konzentrieren, eigene kirchliche Studios zu errichten. Das kann im einzelnen einmal wichtig sein. Aber Studios gibt es in Deutschland genug. Auf die Menschen kommt es an. Auf die gläubigen und theologisch gebildeten Christen im Medienbereich kommt es an!

Es läßt sich kaum besser ausdrücken als mit den Worten des Papstes an die Journalisten:

„Die Kirche steht auf eurer Seite. Ob ihr Christen seid oder nicht – in der Kirche findet ihr immer die rechtmäßige Hochschätzung eurer Arbeit und die Anerkennung der Pressefreiheit." Dies sagte Johannes Paul II. vor Journalisten am Sitz der ausländischen Presse in Rom. Die Kirche bestehe jedoch auch auf den Pflichten der Medienschaffenden: der Verpflichtung zur Wahrheit, zur Unabhängigkeit von Manipulationen, zur Achtung vor dem Menschen in seiner Würde als Kind Gottes. Bei seinem Besuch anläßlich des 75jährigen Bestehens des Verbandes der Auslandspresse in Italien rief Johannes Paul II. die Journalisten auf, „leidenschaftlich die Wahrheit um ihrer selbst willen zu suchen". Sie aus einem anderen Grund zu lieben hieße bereits, auf sie zu verzichten. „Auf dieser Grundlage der Unabhängigkeit und Ernsthaftigkeit im Dienst an der Wahrheit kann eure Arbeit einen unschätzbaren Beitrag zur Gesellschaft leisten", betonte der Papst.

Weit über bloße Erwartungen hinaus habe ich an fast alle unsere Rundfunk- und Fernsehanstalten, wie aber auch an den Sport und ähnliche Organisationen die dringende Bitte, sich an den vernünftigen Sinn in der Gliederung des bürgerlichen und des kirchlichen Kalenders zu halten und dies nicht nur an den Faschings- und Fasnachtszeiten zu tun. – Ich habe beispielsweise fast vergeblich einen Intendantenkollegen darauf kritisch aufmerksam gemacht, daß ein Hörfunksender – ich glaube am Volkstrauertag oder Totensonntag – eine kabarettistische Szene über Beerdigungssituationen brachte. Eine wahrhaft makabre Beachtung des Kalenders! Oder, was soll man sagen, wenn am Karsamstag abend Sportveranstaltungen stattfinden, die dann auch übertragen werden. Die freie Zeit der Feiertage nimmt man selbstverständlich gern in Anspruch, aber ihre für den Gläubigen bedeutende Sinngestalt ist sehr vielen völlig „schnuppe", um es salopp auszudrücken. Auch eine für den modernen Menschen zeitgerechte geistige und seelische Hygiene gebietet es, den Unterschied zwischen Alltag, Sonntag, Feiertag, auch den von Tag und Nacht nicht zu verwischen. Hier können eine sinnvolle Programmgestaltung des Rundfunks und die Hilfe und der Rat, zuweilen auch der Widerstand der Kirche viel nützen.

Elisabet Plünnecke

Kirche und Medien, manchmal ratlos

Ich bin überzeugt, es leuchtet mir ein, daß mitunter oder öfters einem Bischof, gerade einem „Medien-Bischof", Radio, noch mehr die Zeitungen, am gewaltigsten das Fernsehen auf die Nerven gehen können; so wie mir. Daß gelegentlich die Röte eines heiligen bis fast unheiligen Zornes bischöfliche Wangen überflutet ob des Unsinns, Unverstands, der Verdächtigungen, die ihm da durch Wort und Bild in Ohr und Augen kommen.

Nur dem Bischof? Nicht ebenso vielen Hörern, Lesern, Fern-Sehern, wenn sie nicht vom Übermaß des Konsums schon taub und blind und blöd, rechte Nachschwätzer und Mitläufer geworden sind? Und den Kirchengliedern, keineswegs nur Bischöfen, Priestern, Ordensleuten, denen man ob geistlichen Berufs abgeklärte Weisheit zutraut, sondern gerade Laien, welche ihre Kirche gern stets strahlend stehen sehen möchten – das soll es noch geben –, reißen die Medien nicht gelegentlich grausam an den Nerven?

Nun leben auch in sogenannter aufgeklärter Zeit – oder hat die Postmoderne die Vernunft schon weggeschwemmt ? – viele Zeitgenossen immer noch mit mythischen Vorstellungen von den Medien. Vorstellungen, die sich völlig widersprechen, ausschließen, doch anscheinend ungestört in einem Kopf miteinander existieren. Da lebt immer noch die Verachtung, die im alten Sprichwort sagt: „lügt wie gedruckt". Daneben eine maßlos überschätzende Hochachtung vor den Medien als allmächtigen „anonymen Mächten", die jedoch – hier drängt wieder die mit Angst vermischte Verachtung vor – etwas Böses mit der Menschheit im Schilde führen. Dazu noch im gleichen Kopf und Herzen das grenzenlose Vertrauen: Es muß doch wahr sein, es stand doch in der Zeitung, kam im Radio, ich habe es doch mit eigenen Augen gar im Fernsehen gesehen.

Die Neugierigen, Interessierten machen sich dann wenigstens auf die Beine, nehmen an den beliebten Führungen durch Zeitungen, Redaktionen, Druckhäuser, Radiostationen, Fernsehanstalten teil, um die Götter vielleicht ohne Scheibe zu Gesicht, gar „zum Anfassen" zu kriegen. Und sind dann vielleicht erstaunt, enttäuscht oder bis zum nächsten Ärger getröstet, daß sie ziemlich durchschnittliche Menschenwesen antreffen.

Eine heilsame Enttäuschung, um die Realität zu lernen, daß die Medien, Zeitungen, Radio, Fernsehen von Menschen gemacht werden, Menschen-Kopf- und -Hand-Werk sind. Von so vielen Menschen, mehr oder weniger und verschieden begabten, mehr oder weniger und verschieden intelligenten, mehr oder weniger und verschieden gewissenhaften an ihren besseren und schlechteren, glücklichen und unglücklichen Tagen fabriziert. Menschen, wie alle Menschen sind: keiner strahlendweiß, keiner pechkohlrabenschwarz im Herzen, sondern in so vielen Farben und Nuancen, Strebungen, Stimmungen, jeder anders durch Geburt und Lebenslauf, Erlebnisse, Begegnungen.

Wir müssen sie so nehmen, auch jene, die Medien machen. Nirgendwo unangefochtener Perfektionismus. Wenn schon Werkstücken ein Abweichen vom Modell, Toleranz gestattet ist, dann erst recht den Menschen. Das Leben auf dieser Erde ist kein Alles-oder-Nichts-Spiel, sondern trägt sich in Annäherungen zu.

Darum gerate ich in Wut, wenn Medienmacher, vorab sogenannte Fernseh-Moderatoren keineswegs moderieren, sondern sich auf den Thron des unfehlbaren Weltenrichters setzen. Ob der Menschen-Vielfalt, -Farbigkeit, auch in den Medien, kann ich die Frage, die mir oft gestellt wird, nicht beantworten: welche „Richtung" etwa eine überparteiliche Tageszeitung vertrete. Ich versuche, zum Entsetzen der Fragenden, zu erklären: „Vielleicht jeden Tag eine andere, je nachdem, wer gerade den Leitartikel schreibt. Aber es kann ja auch an einem Tag, im selben Blatt im Feuilleton ein ganz anderer Wind wehen als in der Wirtschaft."

Ja, das ärgert: „Heute steht die gegenteilige Ansicht in der Zeitung. Gestern lasen wir ganz anderes." Und ich bin sehr dankbar, daß da keine „allwissende" Uniformität herrscht, Gleichschaltung – die Älteren erinnern sich derer mit Grausen. Mir ist mehr vor Unisono Angst als vor Pluralismus. Ich versuche darum, mich bei Zeitungen zu informieren, die sich noch einen eigenen Korrespondentenstab in der Welt leisten und nicht, wie die meisten aus Kostengründen, gänzlich an den wenigen Agenturen hängen, nur den Einheitsbrei zur Nahrung bieten. Die Vielfalt, Verschiedenheit, Gegensätzlichkeit entmythologisieren heilsam den Glauben an die „anonyme Macht".

Natürlich erwartet jeder Abonnent von Zeitung, Rundfunk, Fernsehen, ob kirchlich oder weltlich gesonnen, daß zur gewohnten Minute das Allerneueste pünktlich serviert wird. Daß dies besagten vielfarbigen Menschen in den Medien täglich beträchtliche Schwierigkeiten schafft und daraus folgend Schwierigkeiten, Mißverständnisse auch zwischen Medien und Kirche hervorruft, wird selten durchschaut, bedacht. Da gibt man so einem Zeitungsmenschen ein wohldurchdachtes Interview mit blitzgescheiten Formulierungen. Der hört und staunt, wagt kaum zu fragen, fragt wohl auch recht dumm, notiert und schreibt, eilt in die Redaktion, erfährt, daß sein Elaborat in 30 Minuten fertig sein muß und höchstens 50 Zeilen lang sein darf. Am Ende müssen davon dann noch 12 gestrichen werden. Der Umfang der Zeitung ist nicht gummidehnbar. Eine späte „weltbewegende" Meldung kann alles Wohlbereitete verdrängen. Das Radio hat seine festen Zeiten. Das Fernsehen leistet sich allein bei ach so beliebten Shows noch Sonderbräuche in der Zeiteinteilung. Begrenzter Raum also, immer kleiner, als der Behandelte und der Behandelnde, der Interviewte und der Interviewer wünschten, für unumgänglich nötig hielten.

Schwierigkeiten mit der Hatz, der Eile. Aber die Zeitung muß morgen im Kasten, die Nachricht zur gewohnten Zeit im

Radio, im Fernsehen sein. Aus der Überfülle der Meldungen, mit denen täglich Zeitungen vom Umfang eines Großstadt-Adreßbuchs und 48 Stunden Sendezeit bequem zu füllen wären, geschwind die richtigen, wichtigen herausfinden, in tunlichst anständiger Sprache formulieren, vielfarbige Ereignisse, geistreiche Rede in Kürzest-Fassung und in Windeseile wiedergeben – Zauberei? Bloß Menschenwerk, niemals perfekt, vollendet. Großer Ärger über den Journalisten, der bei unserer wichtigen Tagung nur 10 Minuten da war, dann enteilte. Wie kann er nur? Er hat doch nur den Anfang mitbekommen, den ersten Satz!

Historisches Beispiel, wie ein Stück offizielle Kirche solch journalistischen „Sachzwängen" zum Opfer fiel: Paul VI. pflegte seine meisterlichen Ansprachen an Weihnachten, zum Osterfest vom Dunkel ins Helle zu bauen, beginnend mit der scharfen Diagnose der keineswegs stets rosigen Situation der zeitgenössischen Welt, mit klarsichtiger Kritik. Und da hinein dann die Frohe Botschaft, das befreiende Evangelium Hoffnung sprechen zu lassen. Doch wenn er unübereilt auf dem logischen, damit vielleicht anstrengenden Weg zum hellen Ausblick kam, waren die Journalisten längst schon fort, um eilends zu berichten: die ersten Sätze, die sie gerade noch hören oder vielleicht im ihnen viel zu spät gelieferten Manuskript gerade noch lesen konnten. Und alle Leser, Hörer in der Welt bekamen über alle Jahre Pauls VI. stets nur dunklen Anfang der Diagnose, nie die helle Therapie mitgeteilt. Und Paul VI. mußte ihnen als ein ängstlicher Schwarzmaler erscheinen.

Ich muß gestehen, daß ich auch in den 22 Jahren meines mehr oder weniger erfolgreichen Bemühens um einen wahrhaftigen, hilfreichen Tagesjournalismus nicht nur einmal in die fatale Situation geriet, einen Kommentar über ein Ereignis zu schreiben, das noch im Gange war, über das noch gar nicht alle Nachrichten vorlagen, und dann in banger Erwartung, nicht ohne Stoßgebete, harrte, daß es auch so ausfallen möge, wie ich es schon besprochen hatte. Eugen Roth hat den Buchrezensenten so bedichtet, der die von ihm besprochenen Bücher nach Wochen liest und sich sehr freut, wenn sie tatsächlich so wie besprochen sind.

Kirchliche und kirchenfernere Leser, Hörer, Fern-Seher sind oft einig in der Beschwerde, daß die Medien zu viel oder ausschließlich „Negatives" berichteten. Diese Medienkritischen haben mindestens richtig erkannt, daß Zeitung, Radio, Fernsehen niemals die ganze Wirklichkeit vorstellen können, sondern immer nur Welt im Ausschnitt. Augenscheinlich deutlich beim Fernsehen zu erfahren: ich sehe immer nur, was der Kameramann einfängt, nur seinen Ausschnitt. Er kann mir ein Paradies sichtbar machen, während es einen Meter rechts oder links von seiner Optik brennt, Krieg oder Erdbeben Welt und Menschen vernichtet. Meistens zeigt er mir ja gerade nicht Paradies, Frieden, Harmonie, Eintracht, Gelassenheit, Ruhe, Leben, sondern Brand, Krieg, Erdbeben, Zerstörung, „action". Das reizt mehr: den Kameramann, den Reporter und vor allem die Zuschauer. Das ist aufregend, spannend, würzt den Feierabend, bewegt die Unbeweglichen im Sessel.

Doch eigentlich tröstlich für die Kirche, daß sie nicht sonderlich häufig in den Medien vorkommt, zu wenig zerstörerische „action" liefert. Frühere Jahrhunderte der Kirchengeschichte hätten vielleicht mehr Medienstoff geliefert. Ich bin sehr glücklich, *heute* Kirche zu erleben, zu leben.

Doch wieder keine hemmungslose Medien-Schelte: Pfui, wie sensationell, nur Negatives! Welt im Ausschnitt: Es geht nicht alles hinein in eine Zeitung, die nicht zur Immobilie anwachsen soll. Und der Tag hat auch für Rundfunk, Fernsehen immer nur 24 Stunden. Rechtes Verständnis der Medien: Ich erfahre dies und jenes aus der Welt, was Menschen – nicht abartige Ungeheuer oder Superstars – für wichtig halten, oft unter Druck, in Eile ausgewählt. Ich erfahre nicht alles.

Das ist der Ärger aller Erfahrenen, die vielleicht Jahre in einem Lande lebten, es sehr gut kennen, seine Sonnen-, seine Schattenseiten: Wird da ein Journalist in dieses Land geschickt, vielleicht ein prächtiger, gebildeter Mensch, bewährt, erfahren an einem anderen Ende der Welt, und soll nun über dieses ihm ganz fremde Neue sogleich berichten. Das kann gut gehen:

Neues nimmt man oft aufmerksamer auf als Altgewohntes. Es kann sehr schiefgehen. Nichts ist perfekt in den Medien. Wo denn sonst?

Vielleicht wäre es besser, mit der Kirche vertraut zu sein, inniger in ihr zu leben, als es manchen Journalisten gegeben, vergönnt ist, um kennntnisreich, verständig von ihr zu berichten. Manchmal macht ein „Außenseiter" eine überraschende, erhellende Entdeckung, die auch Insidern guttut. Und es gibt prominente Kirchenleute – ich kenne mindestens einen –, die solche Entdeckungen mit Interesse aufgreifen, auch wenn sie von „Außenseitern", vielleicht gar „unbequemen" oder die man für solche hält oder die sich selbst für solche halten, stammen.

Keine Medien-Schelte, keine Entrüstung, kein zu großes Erschrecken, wenn news, action, wo es jetzt gerade am heftigsten knallt, als Kriterien ihrer Auswahl des Auschnitts der Welt erscheinen! Solange Zeitungen mit Körperkräften tragbar bleiben sollen und auch für Radio und Fernsehen die Bahn der Erde um die Sonne nicht verlängert oder verzögert wird, können sie in ihren Nachrichten nur das Außerordentliche melden. Und danach ist, wenn die Nachrichten so vom Schlimmen, Bösen, Schmerzlichen, Zerstörerischen, Angsterregenden gefüllt sind, anscheinend das Gute, Freundliche, Heilsame, Gesunde, Lebenfördernde immer noch das Ordentliche, Gewöhnliche, das man gar nicht eigens zu melden braucht, weil es als selbstverständlich genommen wird. Ein Flugzeug erscheint nur in den Nachrichten, wenn es abstürzt oder entführt wird. Im Fernsehen vielleicht noch, wenn ihm ein Politiker entsteigt, um der Menge der Journalisten kundzutun, daß „die Gespräche offen und in guter Atmosphäre" geführt worden seien. Allen den Flugzeugen, die höchstens einmal durch Nebel aufgehalten, brav ihren Dienst tun, wird nie die Ehre der Nachrichten zuteil. Wer abonnierte auch das Blatt, das sich um alle braven Flugzeuge und braven Leute kümmerte!

Und so kommt Kirche halt auch nur ins Blatt und in die Sendung, wenn sie nicht brav ist. Denn daß sie sich anständig aufführt, ist den Medienleuten anscheinend immer noch selbstverständlich, nicht außerordentlich, nicht berichtenswert. Man erwartet es von ihr.

Im Gespräch von Pfarrern mit Journalisten in der Akademie sagten die Journalisten schlicht: „Sie können doch nicht erwarten, daß wir über Ihre Gottesdienste, Predigten, über jedes Gemeindefest, Jubiläum, jeden Vereinsabend berichten. Das ist doch selbstverständlich, daß das stattfindet. Wenn Sie allerdings einen Einbrecher in die Flucht schlagen oder nach einer verlorenen Wette Zimtsterne verkaufend übers Land ziehen, dann erscheint das in der Zeitung; im zweiten Fall sogar mit Bild." Sicher nicht anstößig für die Kirche.

Aber das außerordentliche Anstößige in der Kirche kommt auch in die Medien: Streit, Verfehlungen. Das tut weh. „Es schadet dem Ansehen, der guten Sache. Warum so wenig Diskretion? Warum muß das so groß an die Öffentlichkeit kommen? Wäre verschweigen nicht besser – für die gute Sache?" Erfahrung: Alles kommt ans Licht, früher oder später. Später ist meist noch unangenehmer, peinlich: Wer hat so lange geschwiegen? Was sollte vertuscht werden? So sehr es schmerzt: Lieber gleich offen mit der ganzen Wahrheit heraus! Sonst schwelen so viele Verdächtigungen. Und die böse Sache ist dann nicht mit einemmal aufgedeckt, sondern wird zur Fortsetzungsserie ausgewalzt. Auch im Umgang mit den Medien ist Klugheit eine nicht genug zu empfehlende, zu übende, lebenfördernde Tugend. Schlangenklugheit, vereint mit Taubeneinfalt – eine wunderbare Weisung Jesu für alle Situationen des realen Lebens. Auch im Umgang mit Medien.

Dazu Gelassenheit. Die Verbreitung der Medien ist weltweit groß. Und morgen sind alle Zeitungen des heutigen Tages und auch die gehörten und gesehenen Nachrichten Makulatur. Graf Ferraris, Staatsrat in Rom, Professor der Rechtswissenschaften in Florenz, Rom und Neapel, wünscht im Rückblick auf seine Erfahrungen als italienischer Botschafter in Bonn, „die Deutschen zu bewegen, das Leben mit größerer Gelassenheit zu betrachten. Damit soll nicht der moralischen Gleichgültigkeit das Wort geredet, sondern vielmehr für einen gesunden Skeptizismus plädiert werden." „Man ist in Deutschland", beobachtet er, „meist sehr geschickt darin, einfache Sachverhalte kompliziert auszudrücken. So scheint es kein deutsches Wort für ein Gefühl zu geben, das in anderen Ländern die Geborgenheit der Distanz wiedergibt. Die Probleme der Menschheit lassen sich nur langsam lösen, sofern sie nicht sogar unlösbar sind. Die Deutschen hingegen sind grundsätzlich davon überzeugt, daß der Wille genügt, um wie durch Zauberei jede Hürde zu nehmen."

Gelassenheit, Geborgenheit in der Distanz – heißt das: Was soll's? Lassen wir doch alles treiben. Mögen die Medien meine lieben Mitmenschen verdummen. Was geht es mich an? – So nicht! Die Medien sind mit allen Schwächen, Mängeln, Ärgernissen schon ernst zu nehmen. Die Medienmacher sind wie alle Menschen mit ihren Schwächen, Mängeln, Ärgernissen und ihrer einmaligen Kostbarkeit des Streits, der Auseinandersetzung zu würdigen. Wenn es die Sache wert ist – und manchmal sind gerade die anscheinend kleinen, geringgeachteten Sachen wichtig –, dann darf, soll, muß ich den Streit antreten.

Ich gegen Medien-Macht? Ich werde ja ausgelacht! Nein: ich mit Menschen. Alte Erfahrung: ein Leserbrief kann manchmal mehr anregen und bewirken als eine ganze Reihe von Redaktionskonferenzen. Nur muß der Leserbrief auch sachlich, vernünftig sein: kein Wutschrei eines Zwergs gegen die Medienriesen, sondern aufklärende Berichtigung, Korrektur, Information, Kritik, für einen, dessen Bemühen und Fehlbarkeit ich achten, mit dem zusammen ich die Wahrheit finden und verbreiten will. Das muß nicht fad und brav sein. Jeder liest lieber bildkräftige Formulierungen. Nur müssen sie die Sache treffen, nicht den Menschen, ohne Verdächtigungen, Häme sein.

Um ernst genommen zu werden, muß sich einer mit seinem Namen, seiner Person, seinem eigenen Kopf engagieren. Massenproteste mit Unterschriftensammlung oder ein Sack voll gleichlautender Briefe eröffnen kein klärendes, weiterführendes Gespräch, das auch zwischen Kirche und Medien, vielmehr zwischen Kirchengliedern und in den Medien arbeitenden

Menschen, immer wieder, unermüdlich, stattfinden sollte. Und Streitfälle sind oft der wirkungsvolle Einstieg in einen Dialog, vielleicht sogar zu einer aufmerksamen – richtig verstanden – kritischen Freundschaft.

Und warum reagieren Kirchentreue, leider, so selten positiv auf guten Journalismus? Natürlich: sie nehmen ihn doch immer noch als selbstverständlich. So ernten Journalisten – Fernseh-Idole ausgenommen – selten Applaus. Keine Überschätzung der Journalisten: nicht alle sind Stoiker oder mit unerschütterlichem Selbstbewußtsein ausgestattet. Echo, Ermutigung, Anerkennung tut vielen gut. Die meisten sind gar nicht so „abgebrüht", wie ihre oft kritischen Berichte, Kommentare argwöhnen lassen.

Keine pauschale Beschönigung! Es gibt schon Blätter, primitive und intellektuell sich wähnende, die von der Häme leben – schon im Stil. Sie haben hohe Auflagen. Daraus ist abzulesen, daß ihre Leser nicht nur Kirchenferne sind.

Nicht Häme, aber Kritik ist Ur-Aufgabe der Medien. Dazu sind Zeitungen einstens gegründet worden: als Notwehr, als Kritik an den unangefochten absoluten Mächtigen. Die Wachsamkeit aus den Kampfzeiten um die Pressefreiheit ist den guten Medien geblieben, muß ihnen bleiben, ist ihre Aufgabe, begründet ihr Existenzrecht, ihre Notwendigkeit. Es wäre wohl auch zu beachten, was Medien gegen den Übermut oder die Unbeweglichkeit von Ämtern schon erreicht haben. Wichtig, daß alte und neue Mächtige, besser: Gewalttätige, jeder Couleur ins Visier genommen werden.

Darum noch einmal meine sehr persönliche Einstellung. Mir ist es lieber, wenn nicht gar so viel Kirche ins Visier genommen werden muß, in Medien erscheint. Bin ich der Fuchs, der die schwer erreichbaren Trauben als sauer abtut? Oder spielt mein Alter, meine altmodische Erziehung mit, die mich lehrte, das seien die honorigsten Leute, über die es nicht gar so viel zu reden und zu klatschen gäbe?

Geben sich Kirchentreue der Illusion hin, daß es werbend wirke, wenn Kirche in den Medien oft genannt wird? Alte schlaue Schauspieler pflegten ja zu sagen: Ganz gleich, was über mich in der Zeitung steht, Hauptsache, es ist umfangreich. Die Kirche spielt wohl nicht oder nicht nur Theater.

Der Klerus müßte mit den Medien eigentlich zufriedener sein als Laien. Das haben Zeitung, Radio, Fernsehen noch nicht gelernt – wie sollten sie, da manche Katholiken es auch noch nicht wahrhaben wollen –, daß nicht nur Hirten Kirche sind, sondern genausogut, hoffentlich –, die Schafe. Mario von Galli hat es ihnen doch einmal schön gesagt, vor allem jenen, die an der Kirche leiden, weil Hirten nicht schnell genug vorwärtsmarschieren. „Ihr habt wohl noch nie eine Schafherde mit einem Hirten gesehen", sagt ihnen Mario von Galli SJ: „Der Hirt ist doch die meiste Zeit nicht vorn, sondern hinter der Herde; sonst kann er sie gar nicht überblicken. Die Schafe gehen voraus und suchen die bekömmliche Nahrung. Der Hirt paßt hinten auf, daß sie, in ihre Pionieraufgabe vertieft, nicht an einen Abgrund oder eine Autobahn geraten. Dann schickt er ihnen den Hund nach, der auch nicht beißt, nur mächtig bellt."

In der Kirche dürfte das Bild bekannt sein. Oder wird es so wenig praktiziert, daß in den Medien noch krasser Klerikalismus herrscht, daß ihnen Päpste, Bischöfe, vielleicht gerade noch Priester und Ordensleute als Kirche gelten, die übrigen halt Laien sind – keineswegs als zum Volk Gottes gehörend, sondern als die Nicht-Fachleute, Ahnungslosen, Gegängelten, Mitläufer, Analphabeten? Woher kommt ihnen dieses Bild? Ich fürchte, von uns Laien. Dann können wir auch nicht erwarten, daß Journalisten jeglicher Couleur kenntnisreich, einsichtig, verständnisvoll von Kirchlichem berichten. Wenn wir Laien nicht imstande sind, jedem Rede und Antwort zu stehen, der nach der Hoffnung fragt, die uns erfüllt – wie Petrus es verlangt –, dürfen wir nicht erwarten, daß in den Medien darüber Richtiges, Anziehendes erscheint.

Oder träumen wir, gefiele es uns, daß die Kirche, so der Welt fern und fremd geworden, via Postmoderne, Exotik-Lust, Esoterik-Nascherei, Gnosis-Verschnitt auf weichen New-Age-Wogen wieder in die Medien hineingespült wird?

Es kann der Kirche, Klerikern wie Laien, nicht darum gehen,

oft genannt zu werden, oft in Bildern zu erscheinen, viele Kästchen, Getto-Sendungen im Programm zu haben. Es geht darum, daß die Botschaft, die uns anvertraut ist, das einzige, was wir der Welt zu bieten haben, das Evangelium, in alle Bereiche, in jeden Winkel unserer lieben hungrigen Erde dringt, keimt, aufgeht, wächst, sich ausbreitet wie Samen, Sauerteig – Jesu schöne Bilder. Mir fallen weniger schöne ein: Viren, Bakterien, Erreger, doch nicht zur Krankheit, sondern zum Heil. Der Glaube ist doch immer nur durch Infektion, Ansteckung, Begeisterung weitergegeben worden. Und wird es heute, morgen, bis zum letzten Tag, wenn wir uns nicht ins moderne oder postmoderne Bett des Mißmuts und des Mißtrauens verkriechen.

Zwar warnt Jesus, seine Perlen den Schweinen vorzuwerfen. Er verbietet nicht, in die Höhlen der Löwen zu gehen, der Medien-Löwen, sich mit den Medien offen, kritisch, streitbar, aufklärend, anerkennend einzulassen.

Ich bin sehr glücklich darüber, daß es einen Medien-Bischof gibt, der das tut, der diese Löwen, die Medien, menschlich nimmt. Ich habe das noch von ihm im Ohr. Er war noch Akademiedirektor. Er scheute sich damals auch nicht, eine Journalistin mit 22 Jahren Feuilleton auf dem nicht mehr ganz jugendlichen Rücken in die Akademie aufzunehmen. Es zu riskieren, daß dieses Frauenzimmer, imprägniert von Betrieb, Hetze, Qualm einer Tageszeitungsredaktion, nun nicht mehr mit dem gedruckten Wort – morgen Makulatur – auf die Menschheit losgelassen wurde, sondern mit spontaner Rede vor verwöhntes Akademie-Publikum trat.

Damals, vor 19 Jahren hörte ich es von ihm: „Ich gehe in jede Höhle." Das gefiel mir ausnehmend und ermutigte mich natürlich, es ihm eifrig nachzutun.

Was habe ich von ihm gelernt! In einem Jahr. Denn dann wurde er, wie es sich gehört, hoch hinaufgetragen, Weihbischof, Bischof. Gelernt habe ich weiter von ihm. Und möchte es, bitte, noch lange tun dürfen.

Und da war noch ein Rat, eine Weisung von ihm, die mich ermutigte, ermunterte, für mich lustvoll war: Ich solle meinen journalistischen Stil nicht glätten, einebnen oder gar ablegen. Ob ich ihm folgte, gehorsam war, mag er an diesem journalistischen Dankschreiben prüfen.

Walther Kampe

Verkündigung und Medien

Ein Brief an Bischof Georg Moser

Lieber Bischof Georg!

Ein Bekannter sagte kürzlich zu mir, ein Bischof habe doch eine unerfüllbare Aufgabe auf die Schultern geladen bekommen. Während in der modernen Gesellschaft jeder eine genau umschriebene Rolle als Politiker, Wirtschaftler, Wissenschaftler oder Künstler zu spielen habe, müsse der Bischof ein „Generalist", ja ein Alleskönner sein, wenn er den Anforderungen seines Amtes nachkommen wolle: Er müsse sich in der Theologie auskennen, predigen können, einem großen Behördenapparat vorstehen, aber auch gut aussehen, einigermaßen singen können, freundlich sein, viel Menschenkenntnis haben und schließlich noch ein würdiges Auftreten haben. Wie könne ein einziger Mensch diese Last tragen?

Ich weiß es auch nicht, wie Du das alles fertigbringst, aber ich weiß, daß es Dir auf Deine Weise gelingt, auch in der heutigen Zeit dieses Unmögliche zu vollbringen. Allerdings hast Du dafür zahlen müssen durch gesundheitliche Krisen, die Du aber mit Gottes Hilfe gut überstanden hast und überstehen wirst. An Deinem 65. Geburtstag hoffen Deine Freunde, daß Du noch viele Jahre Dein großes Bistum leiten kannst, und sie wünschen es Dir von Herzen!

Vielleicht ist es aber gut, an einem solchen Gedenktag einmal zu überdenken, wie denn das überlieferte bischöfliche Amt in unserer Gesellschaft ausgeübt werden kann, um seinen Auftrag zu erfüllen. Denn daß es ungeheure Ansprüche und Belastungen mit sich bringt, die eigentlich Überforderungen sind, ist kaum zu bezweifeln. Die Geschichte zeigt, daß das

Amt des Bischofs in verschiedenen Zeiten sehr unterschiedliche Ausformungen erfahren hat. In unseren Landen wurde es oft mit der Aufgabe eines Landesfürsten verbunden, und auch dort, wo das nicht der Fall war, entsprach es dem Bild eines „Kirchenfürsten". Das ist schon lange vorbei. Heute droht der Bischof eine Art von Behördenchef zu werden. In unserer verwalteten Gesellschaft kann sich auch die Kirche dem Apparat nicht entziehen. Sie braucht eine funktionierende Verwaltung, um wirken zu können. So wird der Bischof zum Arbeitgeber von Tausenden Personen mit verschiedensten Aufgaben. Ist er aber dazu von Jesus Christus berufen worden? Ihm sind die Schlüssel des Himmelreiches anvertraut, aber nicht unbedingt die eines Verwaltungsgebäudes, wie es ein Bischöfliches Ordinariat darstellt. Kommt nicht das Unbehagen an der „Amtskirche" daher, daß man meint, hier einem Machtanspruch zu begegnen, dem nicht die nötige Sachkompetenz entspricht? Es hat den Anschein, als ob die Überfülle der Aufgaben den Bischof dazu zwingt, entweder willenlos dem Rat seiner Sachverständigen zu folgen, die besser als er wissen, was zu tun ist, oder diktatorisch selbst Dinge zu bestimmen, von denen er nichts oder doch nur wenig versteht. Weder das eine noch das andere kann eine echte Alternative sein.

Mir will scheinen, daß dieses Dilemma nur durch eine Setzung von Schwerpunkten zu lösen ist, die mit einer weitgehenden Delegation anderer Aufgaben an die Mitarbeiter des Bischofs verbunden ist. Aber wo liegen die Schwerpunkte? Das Zweite Vatikanische Konzil hat sich ja intensiv mit dem Amt des Bischofs befaßt. Seine wichtigste Aussage in dieser Linie galt dem Bischofskollegium mit seinem Haupt, dem Bischof von Rom. Von daher läßt sich wohl eine Parallele ziehen zur Kollegialität des Presbyteriums mit seinem Vorsteher, dem Bischof. Aber alle Kollegialität kann dem Bischof die Eigenverantwortung seines Amtes nicht nehmen. Wir müssen also nach der Rangordnung der bischöflichen Aufgaben fragen. Fast versteckt sagt dazu die Konstitution über die Kirche „Lumen gentium" in Nr. 25: „Unter den hauptsächlichsten Ämtern der Bischöfe hat die Verkündigung (praedicatio) des

Evangeliums einen hervorragenden Platz. Denn die Bischöfe sind Glaubensboten (fidei praecones), die Christus neue Jünger zuführen; sie sind authentische, d. .h. mit der Autorität Christi ausgerüstete Lehrer. Sie verkündigen dem ihnen anvertrauten Volk die Botschaft zum Glauben und zur Anwendung auf das sittliche Leben und erklären sie im Licht des Heiligen Geistes, indem sie aus dem Schatz der Offenbarung Neues und Altes vorbringen (vgl. Mt 13,52)".

I. Verkündigung

In „Christus Dominus", dem Dekret über die Aufgaben der Bischöfe, heißt es dazu: „Bei der Erfüllung ihrer Aufgaben zu lehren sollen sie den Menschen die Frohbotschaft Christi verkünden; das hat den Vorrang unter den hauptsächlichen Aufgaben der Bischöfe" (Nr. 12). Hier wird also ganz eindeutig nicht nur ein Schwerpunkt unter mehreren gesetzt. Hier wird vielmehr klar festgestellt, was an der Spitze der Aufgabenhierarchie steht: die Verkündigung des Evangeliums. Das entspricht genau dem, was die Apostel als ihre Sendung angeben: „Wir aber wollen uns dem Gebet und der Verkündigung widmen" (Apg 6,4). Die Verkündigung muß mit Gebet verbunden sein, denn das Sprechen zu den Menschen fließt aus dem Gespräch mit Gott. So wird von dem jetzigen Papst erzählt, daß er sich als Erzbischof von Krakau zur Vorbereitung einer wichtigen Predigt stundenlang in seine Hauskapelle zurückgezogen habe. Im Vatikan wird er es kaum anders machen.

Gewiß war der Kirche immer bewußt, daß das Lehramt zu den vorzüglichen Aufgaben eines Bischofs gehört und vor dem Priester- und Hirtenamt steht. Aber das Verständnis des Lehramtes war ein anderes, zum mindesten in der nachtridentinischen Epoche, die ja stark von der Auseinandersetzung mit Irrlehren geprägt war. Der Bischof hatte die rechte Glaubenslehre zu verteidigen. Es kam auf die einzelnen Glaubensinhalte an. Heute aber ist das Glaubensfundament erschüttert. Damals war weithin der christliche Glaube eine Selbstverständlichkeit, fraglich waren nur seine Inhalte, die geklärt werden mußten durch die authentische Lehre der Kirche, die der Bischof mit Autorität vertrat. Das ist auch heute nicht anders. Aber es ist vordringlich geworden, daß überhaupt der Glaube geweckt wird, denn die Glaubenstradition ist bei vielen abgebrochen. Darum spricht das Vatikanum II nicht von Lehre, sondern von der „praedicatio", der Predigt. Sie ist vordringlich geworden. Der Bischof soll Christus „neue Jünger" zuführen, er soll aus dem überlieferten Schatz der Offenbarung „Neues" und nicht nur Altes, Abgegriffenes hervorholen.

Allerdings, lieber Bischof Georg, hast Du bereits als Direktor der Katholischen Akademie Deines Bistums erkannt, wie wichtig es ist, das Evangelium so zu verkünden, daß es Antwort gibt auf die Fragen des heutigen Menschen. Der Glaube kann nicht zeitlos gepredigt werden. Das bloße Wiederholen von vor langer Zeit geprägten Formeln würde ihn absterben lassen. Aus dem alten Schatz der Tradition muß das jeweils Neue herausgeholt werden, das den Menschen trifft in der Situation, in der er sich gerade befindet. Nur so kann die ewige Botschaft im Heute verständlich werden.

Hier aber liegt der neuralgische Punkt, in welcher Weise die Erhaltung der reinen Lehre mit einer verständlichen und zeitgemäßen Verkündigung verbunden werden kann. Beide sind Aufgaben, die in Amt und Person des Bischofs kulminieren. Sind doch Lehre und Verkündigung keineswegs identisch. Die Lehre ist das Fundament der Verkündigung: Sie steckt das Feld ab, in dem die Verkündigung geschieht, und zieht ihr Grenzen, aber sie kann ihr nicht die Methoden geben, die sie benötigt. Der Weg von der Lehre zur Verkündigung ist daher weit und schwierig.

Die Offenbarung Jesu ist nicht auf die Erstempfänger, die Apostel, beschränkt, sie muß weitergegeben werden von Generation zu Generation. Diese Weitergabe ist ein Prozeß der Übersetzung. Schon die Erstempfänger mußten das ihnen von Jesus anvertraute Wort in ihre eigene Sprache übersetzen, zumal beim Übergang von dem eigenen hebräischen Kulturkreis in den hellenistischen Raum. Das war vor allen anderen die große Leistung des Völkerapostels Paulus. Die Begrenztheit des sprachlichen Ausdrucks bringt es aber mit sich, daß schon der Übersetzungsvorgang vom inneren in das äußere Wort unvollkommen bleibt. Erst recht ist der Prozeß des Übergangs in einen anderen Kultur- und Sprachraum verlustreich. Die ursprüngliche Gottesoffenbarung bedarf daher immer neuer Deutungsgestalten und damit auch einer Abgrenzung gegen Mißverständnisse und Fehlinterpretationen.

Die Sprache ist wie alles Lebendige einem geschichtlichen Wandel unterworfen. Wie auch die Kultur selbst, so ist auch die Sprache in ständiger Entwicklung begriffen. Neue Fragen verlangen nach neuen Antworten. Der Übersetzungsprozeß kann daher auch in der gleichen Sprache nie einmalig sein, er muß ständig fortgesetzt werden. Die Kirche versuchte ebenso wie andere Religionen durch das Festhalten an einer unveränderlichen Kultsprache sich gegen Verfälschungen abzudecken. Aber damit nahm sie die Gefahr auf sich, durch eine tote Sprache die Liturgie und mit ihr ihre Lehre zu einem Petrefakt zu machen. Es war daher eine logische Konsequenz, mit der Liturgiereform auch den Durchbruch zur lebendigen Muttersprache zu wagen. Da der erste Ort der Verkündigung der Gottesdienst ist, ist damit auch eine Erneuerung der Glaubenslehre notwendig verbunden. Da wiederum die Lehre die Grundlage des Handelns sein muß, ist eine Gesamterneuerung des kirchlichen Lebens nur auf diesem Weg möglich.

Das geht vor allem das bischöfliche Amt an. Schon in altchristlicher Zeit empfand die Kirche die Notwendigkeit, das von Christus erhaltene Erbe zu bewahren und gegen Verfälschungen abzuschirmen. Sie schuf sich die Grundlage durch schriftliche Aufzeichnung der apostolischen Verkündigung in den Büchern des Neuen Testaments. Aber auch die Schrift bedurfte der Deutung im lebendigen Wort des Verkündigers, der in der Nachfolge der Apostel stand, also in erster Linie des Bischofs. Aus den Erfahrungen der Gnosis, durch die heidnische Denkart in die christliche Verkündigung eindrang, wurden vor allem die apostolischen Sitze, in erster Linie Rom, aber auch Antiochien und Alexandrien, zu den erstrangigen Verkündern der reinen, unvermischten Glaubenslehre, denen die Tochterkirchen nachfolgten. Die Bischöfe trugen die Erstverantwortung für die authentische Verkündigung der Botschaft Christi in ihren Kirchen. Sie waren die Ersttheologen der Väterzeit, die aber in der weiteren Entwicklung mehr und mehr unterstützt wurden durch die wissenschaftliche Theologie, die vor allem in den verschiedenen Ordensschulen betrieben wurde.

Es war bis zum Beginn der Neuzeit, also bis zur Reformation, eindeutig klar, daß nicht die theologische Wissenschaft, sondern das in der Nachfolge der Apostel stehende Lehramt das letzte Wort in Glaubensentscheidungen haben mußte. Aufgabe der Theologie wurde es, das Neue aus dem Schatz der Offenbarung hervorzubringen, d.h. die Kärrnerarbeit der Übersetzung in Sprache und Probleme neuer Zeiten zu leisten. Aufgabe der Bischöfe war es, das Neue am Maß des Alten zu prüfen, die inhaltliche Übereinstimmung neuer Aussagen mit der Heiligen Schrift und der von ihr getragenen Überlieferung festzustellen. Dazu waren gerade die Bischöfe berufen, die ja nicht nur das Lehramt, sondern auch das Hirtenamt innehatten und damit geistlichen Schaden von der Herde abwenden mußten. Sie konnten das nicht tun ohne die Hilfe der Theologie, aber ihr Amt erschöpfte sich nicht in der Lehre, es vollendete sich vielmehr durch die geistliche Erfahrung der Kirche, mit der Falsches von Wahrem unterschieden wurde. „An ihren Werken werdet ihr sie erkennen."

Diese Spannung zwischen dem bischöflichen Wächteramt und der Freiheit der Wissenschaft hast Du, lieber Bischof Georg, in Deiner Amtsführung in bitterer Weise erfahren müssen. Dabei müssen Dir alle zugestehen, daß Du alles getan hast, was in Deiner Macht stand, um diese Konflikte in friedlicher Weise zu lösen. Es war Dir bewußt, daß die Theologen einen Freiraum zur wissenschaftlichen Diskussion brauchen, um ihre Probleme zu klären und ihre Hypothesen zu erproben. Aber Deine pastorale Erfahrung zeigte Dir auch an, wo die Grenzen dieser Auseinandersetzungen sein müssen. Theologie ist nicht um ihrer selbst willen da. Sie hat dem Volk Gottes zu dienen. Wo sie aber anfängt, die Geister zu verwirren, da ist das Hirtenamt gefordert. Es kann nicht schweigen, sondern es muß Entscheidungen fällen. Du hast sie mitgetragen, auch wenn es Dir schwerfiel.

Bei diesen schmerzhaften Ereignissen hat sich auch gezeigt, daß das bischöfliche Amt von zwei Seiten in Bedrängnis kommen kann. Die Reformatoren, die ja größtenteils selbst theologische Lehrer waren, haben ihrem eigenen Amt so großes Gewicht in der Kirche gegeben, daß das altchristliche Amt des Bischofs überflüssig schien und sie es daher in der Konsequenz abschafften bzw. durch das landesbischöfliche Amt des Fürsten ersetzten, das aber nur mit der äußeren Kirchenordnung befaßt war. Lehr- und Hirtenamt wurden so getrennt. Aber auch in der katholischen Kirche erhielten die Theologen durch die tridentinische Reform eine neue Rolle. Das Trienter Konzil sorgte durch Errichtung von theologischen Hochschulen für eine bessere Ausbildung des Klerus. Das war die heilsame Voraussetzung für eine gründlichere und solidere Ausbildung zum Predigtamt. Nicht nur durch Martin Luther, sondern auch durch die katholische Reform gewann die Predigt eine größere Bedeutung, die durch die Lehrstreitigkeiten der Konfessionen in den Vordergrund gerückt war. Die Theologen hatten damit wichtige Aufgaben des bischöflichen Verkündigungsamtes übernommen und gewannen damit große Verdienste für die ganze Kirche. Das bischöfliche Lehramt mit seinen Lehrentscheidungen anderseits wurde weitgehend von dem päpstlichen Lehramt übernommen. Die Welt wuchs mehr und mehr zur Einheit zusammen, so daß regionale Probleme rasch zu einer Sache der Gesamtkirche wurden, die dem Bischof von Rom anvertraut ist. Das Vatikanum II, das nach der Erklärung der päpstlichen Unfehlbarkeit durch das Erste Vatikanische Konzil sich mit der Rolle des Episkopats befaßte, stand daher vor der Frage, ob das bischöfliche Lehramt zwischen der Lehrtätigkeit der Theologen und der überragenden päpstlichen Lehrautorität noch einen Platz habe und worin er zu finden sei. Seine Antwort lautet überraschenderweise: Die Verkündigung ragt unter den hauptsächlichen Ämtern des Bischofs hervor („eminet"). Sie hat den ersten Rang unter allen Tätigkeiten eines Bischofs.

Diese Entscheidung ist zukunftsweisend. Das Konzil geht hier von der Lehre zur Verkündigung über. Der dabei gebrauchte Ausdruck lautet „praedicatio". Das Wort entspricht unserer deutschen Bezeichnung „Predigt", geht aber inhaltlich über unser Verständnis von Predigen hinaus, denn gemeint sind alle Formen der Verkündigung. Immerhin erhält unter den vielen Formen der Verkündigung des Evangeliums die gottesdienstliche Predigt wieder den Vorrang, den sie in der christlichen Frühzeit und heute noch in den Ostkirchen hatte und immer noch hat. Die Erstverkündigung geschieht durch die Liturgie. In ihr – und zwar nicht nur in den sakramentalen Gottesdiensten, sondern auch im Wortgottesdienst des Stundengebets – haben die Lesungen der Heiligen Schrift, der Kirchenväter und der Konzilstexte einen hervorragenden Platz. Diese Texte bedürfen jedoch dringend der Deutung und Übersetzung durch die Predigt. Es hat daher große Bedeutung, daß das neue Kirchenrecht auch der Laienpredigt eine Tür geöffnet hat. Zwar bleibt die Homilie in der Eucharistiefeier wegen ihrer starken Verbindung zum sakramentalen Bereich dem sakramental geweihten Priester und Diakon vorbehalten, aber durch die wünschenswerte Verbreitung von Wortgottesdiensten und Katechesen eröffnet sich auch dem Laien ein weites Betätigungsfeld, das bei uns leider noch kaum genutzt wird, aber in der Dritten Welt in den Basisgemeinden bereits einen hervorragenden Platz gefunden hat. Dabei geht es keineswegs nur um Belehrung durch Katechismuswissen, sondern in immer wichtiger werdendem Maß um das Glaubenszeugnis inmitten einer ungläubigen Welt. Die Predigt wird so wie in den ersten christlichen Jahrhunderten zur Vorbereitung auf das Martyrium, d. h. auf das oft leidvolle und doch sieghafte Zeugnis des Glaubens der Christen vor der Welt, die gegen Gott steht. Das Kreuz Christi vor den Menschen zu bekennen in Wort, Tat und Leiden wird damit zur vorrangigen Aufgabe des gesamten Gottesvolkes. Das Konzil hat damit prophetisch in eine Weltsituation hineingewirkt, die damals zwar schon im

Kommen war, aber in ihrem Ausmaß noch kaum voll erkennbar war.

Wenn wir bisher von der Verkündigungsaufgabe der Priester, Diakone und Laien sprachen, war noch nicht absehbar, welche Rolle dabei dem Bischof zufallen sollte. Gewiß hat er die Aufgabe, für die Verkündigung in seinem Bistum dadurch Sorge zu tragen, daß er die missio praedicandi anderen erteilt, die dafür ausgewählt und vorbereitet sind. Dabei darf aber nicht übersehen werden, daß er persönlich der Erstverkünder und Hauptprediger seiner Diözese ist und bleibt. Papst Johannes Paul II. gibt in dieser Hinsicht ein Beispiel, daß er als episcopus mundi den Auftrag des Herrn erfüllt: „Geht hin in alle Welt und kündet das Evangelium!" Auch der Bischof darf nicht nur von der Kathedra seiner Domkirche aus Gottes Wort verkünden. Er muß hinausgehen in die Gemeinden und persönlich Zeugnis seines Glaubens geben. „Prae-dicare" heißt ja voransprechen, damit andere es weitersagen und vor allem weiterleben können, was sie glauben. Nur so kann der Glaube Zukunft haben in der Welt, in der wir leben.

Lieber Bischof Georg! Ich meine, was hier als Zukunftsbild eines Bischofs gezeichnet ist, wird weitgehend schon durch Dein Wirken erfüllt. Die Rottenburger Synode hat sich ja mit der Glaubensüberlieferung befaßt und ihre hohe Bedeutung niedergelegt. Und Deine Predigttätigkeit im Bistum Rottenburg-Stuttgart ist weit bekannt und hochgeschätzt. Die Schwaben kennen ihren Bischof und wissen, was sie an ihm haben. Trotzdem wirst Du Dich oft gefragt haben, wie ein einzelner Christ, auch wenn er auf hohe Warte gestellt ist, diese Aufgabe der „praecones" erfüllen kann. Wie weit kann seine Stimme reichen? Ist es mit der Predigt allein, auch wenn sie unersetzbar ist, getan? Geben uns da nicht die neuzeitlichen Kommunikationsmittel eine Chance der Vervielfältigung, die gerade in unserer modernen Massengesellschaft zur rechten Zeit kommt?

Immer noch gibt es in der Kirche eine Spannung zwischen Glauben und Technik. Nicht so sehr, daß man die Vorteile, ja die Unentbehrlichkeit der Technik in der heutigen Massengesellschaft nicht zu schätzen wüßte, obwohl man auch ihre Gefahren mehr und mehr erkennt. Aber es gibt eine Art von Schizophrenie, durch die der religiöse Bereich total von allem Technischen abgetrennt, ja als gegensätzlich angesehen wird. Gewiß hat die Technik einen rein instrumentalen Charakter. Sie ist nicht um ihrer selbst da, sie muß dem Leben dienstbar gemacht werden. Aber wie sehr gerade die Glaubensverkündigung von diesen technischen Diensten abhängig ist, können einige historische Beispiele zeigen.

Im ganzen ersten christlichen Jahrtausend war der Primat des römischen Stuhles unbestritten. Auch der Osten anerkannte, daß der Bischof von Rom nicht nur einen Ehrenvorrang vor allen anderen Bischöfen einnahm, sondern auch Recht und Pflicht hatte, helfend und schlichtend einzugreifen, wenn eine Ortskirche nicht mehr in der Lage war, ihre eigenen Probleme zu lösen. In dem Streit zwischen Ignatius und Photius um den Patriarchensitz von Konstantinopel sandte der Papst mehrmals Delegaten zur Prüfung, wer der rechtmäßige Inhaber des patriarchalen Sitzes sei. Die Delegaten benötigten aber zur Reise von Italien bis zum Bosporus ein halbes Jahr. Die Schiffsfahrt über das Mittelmeer war von Piraten, der Landweg über den Balkan von Räubern bedroht. Die Delegaten mußten dem Papst die Ergebnisse ihrer Untersuchungen zur Entscheidung vorlegen. Das dauerte aber jeweils mehr als ein Jahr. Bis dahin hatte sich aber die Situation in Byzanz wieder verändert. Praktisch war die Ausübung des Primats durch den Mangel an Verkehrsmitteln blockiert. So gewöhnte sich der Orient notgedrungen daran, ohne Rom zu handeln. Ähnlich war es dem amerikanischen Episkopat bis in unser Jahrhundert unmöglich, am Konklave der Papstwahl teilzunehmen. Die Schiffsreise der Bischöfe dauerte so lange, daß der Papst längst gewählt war, wenn sie in Rom ankamen. Die Weltkirche bedarf der technischen Informations- und Verkehrsmittel, wenn sie wirksam sein soll.

Die Bedeutung der Medien nahm in der Neuzeit gewaltig zu. Luther ist ohne Gutenberg nicht zu denken. Die gedruckten Propagandaschriften verhalfen der Reformation zum Durchbruch. Auch die Forderung des Bibellesens wäre ohne die Buchdruckerkunst unerfüllbar gewesen, denn die mittelalterlichen Abschriften der Hl. Schrift waren so kostbar, daß nur die großen Klöster in ihren Besitz kommen konnten. Hitler hätte ohne den Radio-Volksempfänger nie zu einer solchen Breitenwirkung kommen können. Neuere Untersuchungen zeigen, daß der Widerstand der Kirchen zu schwach blieb, weil der nationalsozialistische Staat das Monopol über die Medien besaß. Die kirchlichen Prediger dagegen konnten nur die Minderheit des Volkes erreichen, die den Gottesdienst besuchte. In unseren Tagen kann nur der die öffentliche Meinung beeinflussen, der es versteht, sich das Fernsehen dienstbar zu machen. Ohne Medien läuft nichts mehr!

Diese Erfahrung machte die Kirche von Anfang an. Paulus erreichte die von ihm gegründeten Gemeinden durch Briefe, denn er konnte nicht allgegenwärtig sein. Die junge Kirche ließ die Evangelien niederschreiben, um die Botschaft Jesu vor Fälschungen und Vergessenheit zu bewahren. Dazu war die mündliche Überlieferung allein nicht in der Lage. Die Schriften der Väter und ihre Verbreitung sicherten die rechtgläubige Tradition. Ohne ihre Bücher wären die großen Theologen der Vergangenheit längst in Vergessenheit geraten.

Auch heute noch haben die Printmedien nichts von ihrer Bedeutung verloren. Du, lieber Bischof Georg, hast von ihnen reichlich Gebrauch gemacht. Deine geistlichen Schriften haben Deinen Namen weit über die Grenzen Deiner Diözese hinausgetragen. Deine Hirtenbriefe an die Gemeinden haben das Band zwischen Bischof und Gläubigen gefestigt. Die Kirchenzeitung Deines Bistums gibt Dir die Möglichkeit, jederzeit zu aktuellen Fragen Stellung zu nehmen, und die schwäbischen Tageszeitungen berichten gern über alles, was der Schwabenbischof sagt und tut. Damit überschreitet Deine Verkündigung stetig die engen Kirchenmauern und erreicht auch solche Leser, die keine Katholiken sind.

Während Schrift und Buch durch die Bibel eine besondere Nähe zur Kirche hatten, sind die elektronischen Medien als Schöpfungen unseres Jahrhunderts in größerer Distanz zum kirchlichen Leben. Sie haben ohne Zweifel die Gesellschaft stark verändert und dies nicht immer in positiver Weise. Viele sind der Meinung, daß der Glaubensabfall unserer Tage darin seine Ursache habe, daß die verführerischen Wirkungen vor allem des Fernsehens bis ins letzte Dorf dringen. Hier sind aber doch einige Unterscheidungen anzubringen.

Das Zweite Vatikanische Konzil nennt die Medien „Instrumente der sozialen Kommunikation". Instrumente sind an sich weder gut noch böse, sie werden dies erst durch den Gebrauch der Menschen. Mit Recht haben daher das Konzil in dem Dekret über die sozialen Kommunikationsmittel „Inter mirifica" und die ihm nachfolgende Instruktion „Communio et Progressio" die Verantwortlichen der Kirche dazu aufgerufen, die Medien für die Verkündigung einzusetzen. Die elektronischen Medien sind allerdings für diese Ziele nicht so leicht zu verwenden wie die Druckmedien. Das geschriebene oder gedruckte Wort hat eine gewisse Beständigkeit. Was in ihm niedergelegt ist, kann verwahrt und jederzeit nachgelesen werden. Es erlaubt Besinnlichkeit und Nachdenken. Selbst die Tageszeitung, die am nächsten Tag schon veraltet ist, gibt doch die Möglichkeit, eine Nachricht oder einen Kommentar mehrmals zu lesen und sie aufzubewahren. Das gesprochene Wort oder die filmartig ablaufenden Bilder sind dem flüchtigen Augenblick verhaftet. Sie verführen zu Oberflächlichkeit, behindern gründliches Denken und wecken unkontrollierbare Emotionen. Die Gefahr der Manipulation ist groß. Verkündigungssendungen sind daher schwer zu verwirklichen.

Wort und Bild bieten jedoch in den elektronischen Medien auch Vorteile. Es ist hier nicht möglich, diese Möglichkeiten gründlich zu beschreiben. Es soll daher nur gefragt werden, welche Erleichterungen sie zur Ausübung des bischöflichen Amtes bieten können.

Die Massengesellschaft enthält in sich eine gewisse Zwiespältigkeit, die sich auch im Gebrauch der Medien äußert. Einerseits entwickelt sie eine immer stärker werdende Neigung zur Konzentrierung und damit zur Anonymität. Die Apparaturen und Organisationen werden immer gewaltiger und mächtiger, und der einzelne steht ihnen immer ohnmächtiger und hilfloser gegenüber. Der Big Brother hört und sieht überall mit, und gerade die Elektronik bietet ihm dafür immer raffinierter werdende Mittel. Das Individuum stemmt sich gegen diese Entwicklung, aber oft vergeblich. Es flüchtet daher in den ihm verbliebenen Privatraum und verteidigt ihn verzweifelt gegen die Übermacht der Institutionen. Das bekommen auch die Großkirchen zu spüren, die oft als feindliche Mächte angesehen werden. Zur Überwindung ihrer Anonymität bemühen sich die Organisationen um eine Personalisierung ihres Apparats bis hin zum Personenkult. Gelingt es einer Person, Glaubwürdigkeit zu gewinnen, so wird auch die von ihr vertretene Institution akzeptiert. So haben z. B. die Parteien erkannt, daß bei Wahlen der Spitzenkandidat ihrer Liste weit entscheidender für den Wahlerfolg ist als die mühsam ausgearbeiteten Programme, die die meisten Wähler überhaupt nicht zur Kenntnis nehmen. Der Spitzenkandidat muß daher in erster Linie „telegen" sein, während seine übrigen Qualitäten weit weniger Gewicht haben.

Woher kommt dies? Die elektronischen Kommunikationsmittel sind zwar Massenmedien, denn sie wenden sich an Millionen Zuhörer bzw. Zuschauer. Aber ihre Eigenheit besteht darin, daß im Unterschied zu Massenveranstaltungen nicht die Menge als solche, sondern der einzelne Konsument angesprochen wird. Es muß der sprechenden oder handelnden Person am Mikrofon oder auf dem Bildschirm gelingen, in der Intimität der häuslichen Stube sich mit dem einzelnen so in Kommunikation zu setzen, daß dieser das Gefühl hat, sie spreche oder spiele nur für ihn. Das fördert wieder den Starkult, denn der einzelne ist nur in der Lage, zu wenigen ein persönliches Verhältnis zu gewinnen. Ist die Stimme oder das Gesicht des Stars einmal bekannt und vertraut geworden, ist er als

Person angenommen, so werden leicht alle seine Worte und Taten positiv gewertet. Es ist daher ein relativ kleiner Kreis von Showmastern, Sportsleuten, Politikern und Meinungsmachern, die in der Gesellschaft über die Medien die Massen erreichen und sie beeinflussen.

Was hat das mit dem Bischof zu tun? Der Bischof darf als erster Seelsorger und Verkündiger seines Bistums sich nicht mehr damit begnügen, im Abstand von mehreren Jahren einmal für ein paar Stunden in den Pfarrgemeinden aufzutreten und dann rasch wieder aus der Erinnerung der Gläubigen zu verschwinden. So würde er in der Anonymität einer diözesanen Behörde rasch untergehen. Niemand sonst kann das Bistum und damit die Kirche in der Öffentlichkeit so repräsentieren, mögen auch andere Theologen einen größeren Bekanntheitsgrad erreichen. Im Bewußtsein der Öffentlichkeit sind Bischöfe und Kirche identisch. Es muß daher das Bestreben eines jeden Bischofs sein, soviel wie möglich in den Gemeinden und in der Öffentlichkeit präsent zu sein. Das kann nicht nur in Visitationen der Pfarreien geschehen. Er muß dafür auch die sozialen Kommunikationsmittel in Anspruch nehmen. Darin kann er sich auch durch andere nicht vertreten lassen.

Es ist einsichtig, daß die öffentlichen Rundfunkanstalten dies nicht zu leisten vermögen. Sie sind ja kein kirchliches Kommunikationsmittel. Die Zeiten, die sie den Kirchen zur Verfügung stellen, sind beachtlich, aber doch begrenzt. Dazu kommt, daß die in den Kirchenfunkabteilungen tätigen Publizisten ihren Auftrag eher kirchenkritisch verstehen. Es ist aber unwürdig, wenn der Bischof bei den Anstalten betteln muß, daß seine Meinung, also die kirchenamtliche Aussage, auch einmal zu Wort kommen darf. Das bedeutet, daß der Bischof über die vertraglich abgesicherten Verkündigungs-Sendungen auch in anderen Programmsparten sich äußern darf. Wie die Dinge liegen, geht das aber nur über kircheneigene Sender.

Die Missionsländer der Dritten Welt können dafür Beispiele bieten. In manchen Ländern, in denen die Basisgemeinden in ungeheuren Entfernungen weit zerstreut liegen, haben die Bistümer nicht Zeitungen, sondern zuerst Radiostationen errichtet. Im Busch oder in einsamen Gebirgsdörfern versammeln sich die Gläubigen Sonntag für Sonntag um ein Radiogerät, um zu hören, was ihnen ihr Bischof zu sagen hat. Die Folge ist eine intensive Kommunikation zwischen Bischof und Basis, an die wir kaum zu denken wagen. Diese zugleich persönliche und soziale Kommunikation ist aber die Voraussetzung für das persönliche Zeugnis des Verkündigers. Nicht das Verlesen von Hirtenbriefen eines weit entfernten und unbekannten Mannes, sondern die persönliche Präsenz dessen, der Gottes Wort ausrichtet, ist notwendig. Das schließt natürlich keineswegs die Tätigkeit des Ortsseelsorgers aus, sondern muß sie ergänzen und bekräftigen. So wird die Einheit der Ortskirchen und ihre Gemeinsamkeit, kurz gesagt: ihre Katholizität sichtbar.

Wie steht es aber mit den Menschen, die zu der Kirche Distanz halten? Innerkirchliche Kommunikation darf gerade heute Kommunikation nach außen keineswegs ausschließen. Kirchliche Eigenmedien dürfen daher niemals einen Verzicht auf Mitarbeit in den öffentlichen Anstalten bewirken. Untersuchungen haben zwar festgestellt, daß Fernstehende bei Sendungen mit religiösen Themen rasch abschalten. Die Erfahrung zeigt, daß das Ablösen von der kirchlichen Gemeinschaft immer noch große seelische Erschütterungen mit sich bringt. Wer sich einmal von der Kirche getrennt hat, vermeidet daher die Konfrontation mit der Religion. Aber schon wächst eine Generation heran, die mit der Kirche überhaupt nicht oder nur flüchtig in Berührung kam. Sie steht der Kirche vorurteilsloser gegenüber, und für sie wird die Begegnung mit dem Glauben einmal ein interessantes Neuheitserlebnis sein. Die Verkündigung der Botschaft an diese Menschen wird in Zukunft vorrangig sein müssen. Ohne die Medien werden sie aber kaum erreichbar sein. Dieser Aufgabe sich zuzuwenden wird unter den vielen Aufgaben des Bischofs an erster Stelle stehen müssen.

Lieber Bischof Georg! Als das Kardinalskollegium im Konklave Johannes Paul II. zum Papst gewählt hat, muß ihm das Bild eines derartigen Bischofs vor Augen gestanden haben, denn seine Gaben entsprechen in vorzüglicher Weise dem

Ideal eines begnadeten Verkünders des Evangeliums. Eine neue Evangelisation Europas wird von ihm immer wieder gefordert. Er selbst geht dabei mit gutem Beispiel voraus. Ohne auch nur ein Jota vom Inhalt der Botschaft preiszugeben, versteht er es bestens, seine Zuhörer zu überzeugen. Daß er dabei auch Widerspruch erregt, liegt in der Natur der Sache, denn Christus ist ein Zeichen, dem widersprochen wird. Als Du zum Bischof von Rottenburg ernannt wurdest und damit die Nachfolge von Bischof Leiprecht antratest, der ja auch die Publizistik in der Bischofskonferenz vertrat, scheint man ebenfalls die richtigen Kriterien bei der Auswahl eines Bischofs, wie ihn die Kirche heute braucht, angelegt zu haben. Hattest Du ja schon lange die kirchliche Rundfunkarbeit beim Süddeutschen Rundfunk geleistet. Die Deutsche Bischofskonferenz hat Dir deswegen ebenfalls den Vorsitz in ihrer Kommission für Publizistik anvertraut, und auch in der Weltkirche bist Du an dem päpstlichen publizistischen Sekretariat beteiligt. Die Wünsche vieler Medienschaffenden – und auch ich schließe mich ihnen an – gehen dahin, daß Du noch lange Jahre Deine Kräfte dafür einsetzen kannst, daß die Botschaft in die ganze Welt hinausgehe bis zu den Enden der Erde (vgl. Ps 19).

Dein Walther Kampe

Ernst-Walter Zeeden

Begegnungen

Die Jahrzehnte hindurch, in denen ich das Glück hatte, Dr. Georg Moser in der Praxis seiner Amtsführung zu erleben und immer wieder einmal ins Gespräch mit ihm zu kommen, zeigt sich eine wohltuende Konstanz in den Wesenszügen, die zu seiner Persönlichkeit gehören und sie z. T. konstituieren. Ich fühle mich nicht befugt und auch nicht kompetent, dies im einzelnen zu exemplifizieren. Stattdessen möchte ich, ohne jeden Anspruch auf Vollständigkeit oder Systematik, sondern quasi streiflichtartig etwas davon mitteilen, was ich an ihm und wie ich ihn erlebte.

Schon während seiner Akademie-Direktoren-Zeit nahm ich wahr, wie instinktsicher er die Hand am Puls der Zeit hielt. Er hatte ein Gespür dafür, wo die Menschen der Schuh drückte – unter diesem Blickwinkel wählte er Themen und Referenten seiner Tagungen aus. Wo müssen wir die Zeitgenossen aufsuchen und abholen? Was können wir ihnen anbieten an Hilfestellungen? Wie fangen wir sie mit ihren Problemen auf, wie mit ihren Ängsten, wie mit ihrem guten Willen? Unter Leitgedanken dieser Art waren die Tagungen aufgebaut, die Referenten eingebunden. Sein Ideenreichtum schlug nicht nur in der Themenwahl durch, sondern auch in deren Formulierung. Er verstand es, sie eingängig und plakativ in Sprache zu fassen, plastisch und griffig. Die Ankündigungen sollten Anstöße geben, die Leute aus sich herauslocken und gespannt machen auf das, was da in Hohenheim zur Debatte gestellt wurde. So investierte der Akademiedirektor, wenn ich das richtig sehe, einen nicht ganz geringen Teil seiner Kraft in die Gestaltung der Vierteljahresprogramme.

In den Diskussionen ließ er die Leute zu Wort kommen, behielt aber immer das Heft in der Hand, lenkte, wenn jemand abzuschweifen begann, unfehlbar wieder zum Thema zurück und verstand ebenso, das manchmal zu sehr Theoretische, sei es der Vorträge, sei es der Diskussionsbeiträge, ins menschlich und christlich Praktische zu transponieren. Seine Kunst der Gesprächsführung war außerordentlich. Sie ging wohl, wenn ich es richtig sehe, darauf zurück, daß er nicht nur gut zu reden, sondern auch mindestens ebensogut zuzuhören verstand. Er vermochte Situationen blitzschnell zu erfassen. Was an Gesichtspunkten und Gedanken, an Thesen, Argumenten und Behauptungen vorgebracht wurde, nahm sein Gedächtnis auf und behielt es. Man merkte es, wenn er im Schlußwort aus dem Stegreif die Standpunkte, Ideen, Argumente und Überlegungen zunächst geordnet zusammenfaßte, dann aber das Ganze in den weiten Horizont des Menschlichen und Christlichen hineinstellte und seine Wertigkeit prüfte, indem er etwa fragte: Was bringt das alles denn konkret für das Leben; welche Impulse könnten oder sollten daraus hervorgehen; was können wir *tun?*

Die Thematik der Gespräche, die ich bei verschiedensten Gelegenheiten mit ihm führen durfte, läßt sich nicht auf einen oder auf wenige Nenner bringen. Sie war, soweit sie der Bischof anschnitt, reich und weit und unerschöpflich. Immer wieder ergab es sich, daß er von Menschen sprach, denen er begegnet war, und damit wurde jeweils ein Stück seines Lebensgangs sichtbar. – Von den Professoren erzählte er nicht nur, was sie lehrten, sondern auch wie sie sich aufführten. Wie einer z. B., ein berühmter Dogmatiker, in der Vorlesung aus der Literaturbesprechung ein „Schlachtfest“ machte; oder wie ein anderer, vom Zorn und Temperament übermannt, ein Buch in die Ecke des Hörsaals schmiß. Oder ein Dritter in grandioser Unbefangenheit das Vokabular schwäbischer Landwirte im Umgang mit ihresgleichen und mit dem Vieh ins Gespräch mit jedermann einbrachte und sich dieses plastischen Idioms auch bediente, wenn er die Menschen seines Umfelds charakterisierte. Daneben wußte Bischof Moser knapp und mit sicheren

Strichen die Erfahrungen seines Studiums zu resümieren. Mit größtem Respekt sprach er von Theodor Steinbüchel, dessen Seminar ihm zu einem Gewinn für sein ganzes weiteres Leben geworden sei. Nicht weniger beeindruckten mich seine selbstkritischen Rückblicke auf die Anfänge, Erlebnisse und Erfahrungen seiner ersten Priesterjahre. Wie er bei manchem Chef z. B. angeeckt sei und warum – und wie er das, was er damals am Verhalten von Vorgesetzten, Volksmissionaren usw. seinerzeit hart kritisiert habe, heute aus der Distanz der Jahre bis zu einem gewissen Grade glaube verstehen zu können.

Wenn es Bischof Georg Moser versteht, die Menschen anzusprechen, so hat das, abgesehen davon, daß ihm solches von Natur aus gegeben ist, auch darin einen tiefen Grund, daß er ein besonderes und bewußtes Verhältnis zur Sprache besitzt. Sprachliche Sorgfalt verbindet sich in ihm mit der Tiefe und Kraft bildhafter Ausdrucksweisen. So vermag er das jeweils Gemeinte, auch das Subtile, plastisch auszusprechen und in Bild und Gleichnis, mit Farbe, Saft und Kraft so darzustellen, daß auch der einfache, unverbildete Mensch ihn versteht. Unter diesem Aspekt steckt in Georg Moser ein gutes Stück Volksbischof. Was nota bene nicht als ein Analogon zu „Volksausgabe" oder dergleichen zu verstehen ist, sondern heißt, daß er in der Weite seiner volkreichen Diözese recht gut verstanden wird und die Leute sich auch von ihm verstanden fühlen.

Das Register seiner Sprechweise reicht vom Subtilen bis zum Plakativen. Manches scheint er nur so aus dem Ärmel zu schütteln. Ich weiß aber auch, wie sehr er dort, wo es darauf ankam, oft tagelang um die rechte Formulierung ringen mußte, z. B. um die drei bis sieben oder acht Worte („Stille im Lärm", „Der eine lebt vom andern", „Eine Rose in deiner Hand", „Vertrauen ins Leben", „Mut zur Liebe", „Ich bin geborgen" u. a.) für den Titel seiner Betrachtungsbücher zu finden, damit er im Ohr blieb und zugleich andeutete, worum es ging.

Die Gespräche mit ihm entwickelten sich immer zwanglos. Sie gingen meist von irgend etwas Akutem aus und knüpften etwa an Dinge an, die durch den morgendlichen Posteingang zu ihm herangetragen worden waren. Er verstand es, den Einzelfall als Symptom zu begreifen. Er stellte ihn dadurch stets in einen weiteren Horizont und ließ auf einmal einen komplexen Hintergrund sichtbar werden. Und was im Gespräch über nur ein paar solcher scheinbaren Einzelfälle in Erscheinung trat, war letztlich ein Kraftfeld, über das sich gewaltige Spannungsbögen hinzogen: Bögen, die von Baden-Württemberg bis nach Afrika und China reichten (und zwar nicht nur geographisch), vom Vatikan bis zu Lefèbvre und zur Ökumene, von Reaktionären jeder Couleur bis zu Avantgardisten jeder Couleur. Mich beeindruckte die Wachheit, womit er die Fülle der Erscheinungen wahrnahm und nicht nur registrierte, sondern einander zuordnete und in ihren wechselseitigen Bedingtheiten sah. Das Einzelne blieb ihm nicht vereinzelt, er sah (oder er spürte) noch den größten Zusammenhang, worin es stand. Es schien, als ob er so etwas besaß wie eine Witterung für die geistigen und sonstigen allgemeineren Strömungen, die irgendwie dahinter wirkten.

Obwohl er bei Unterhaltungen, an die ich mich erinnere, selber viel sprach – was darin seinen Grund hatte, daß es stets eine gewaltige Fülle von Menschen, Dingen und Problemen war, was ihn erfüllte, bedrängte, in mancherlei Hinsicht aber auch erfreute und erfrischte –, verhielt er sich nie monologisch. Ich meine sogar, er konnte das auch gar nicht, weil er, so wie ich ihn kennengelernt habe, ein durch und durch dialogischer Mensch ist. Als Gesprächspartner versicherte er sich ständig, daß der andere mitkam; er stellte ihm Zwischenfragen und gab Gelegenheit, ebenfalls Zwischenfragen zu stellen. Dies tat er generös und ließ es auch darauf ankommen, daß der andere durch eine Gegenfrage dem Gespräch eine neue Wendung gab oder einen Themenwechsel veranlaßte.

Etwas anders verliefen die jeweils an einer thematischen Leitlinie orientierten Aussprachen, zu welchen der Bischof bald nach Antritt seines Amtes die Mitglieder eines von ihm ins Leben gerufenen Gesprächskreises in größeren zeitlichen Abständen zu sich nach Rottenburg einzuladen pflegte. Es war eine überschaubare Gruppe. Man saß an einem großen Tisch;

Diskussionsgrundlage war jeweils ein kurzes Referat. Der Bischof leitete die Diskussion, äußerte zu Beginn vielleicht ein paar weiterführende Fragen, um dem Gespräch eine Richtung zu geben, ließ im übrigen aber die anderen zu Wort kommen. Ich hatte den Eindruck, daß wohl keiner so gut zuhörte, wie er. Nach dem Ende der Debatte faßte er die Ergebnisse zusammen. Er tat dies mit Meisterschaft, beließ es aber nicht dabei, sondern fragte sich und die andern, ob und wie das hier Besprochene und Verhandelte in Impulse für christliche und humane Lebensführung, Berufsgestaltung oder sonstige Aktivitäten umgesetzt werden könnte.

Daß er einen solchen Aussprachekreis ins Leben rief, scheint mir ein Indiz für Georg Mosers Führungsstil zu sein. Er vereinigte in dem Kreis Vertreter der unterschiedlichsten Berufe. Er erfährt solchergestalt durch Experten mindestens dieses und jenes, was sich in den verschiedenen beruflichen Sektoren tut. Überhaupt läßt er durch solche und andere Gremien Dinge an sich herantragen, an die er von allein vielleicht nicht (oder nicht so leicht) herankommt. Schließlich geniert er sich auch nicht, sich gezielt Rat und Auskünfte geben zu lassen. Gelegentlich sagt er ganz schlicht: die und die Aufgabe liegt vor mir; ich bin mir noch nicht klar darüber, wie ich sie anfassen soll. Und fragt: Wie sehen Sie die Sache an? So kommt es vor, daß er sich bei Vorüberlegungen für Entscheidungen Meinungen von anderen Seiten einholt; er geht aufmerksam mit ihnen um; in bestimmten Fällen holt er sich den Rat von Leuten ein, die er für kompetent hält, und vergibt sich dabei nicht das geringste. Vielmehr: Er gewinnt dadurch noch an Autorität.

Die souveräne Gelassenheit, die ihm eignet, befähigt ihn, mit Menschen jeden Alters, Standes und Ranges großartig unbefangen umzugehen. Und dies gelöste und zugetane Wesen bringt ihm umgekehrt viel Anhänglichkeit ein. Ich nahm wahr, wie mühelos er in einem bayrischen Kurheim mit den Klosterschwestern, mit den Putzfrauen und dem sonstigen Personal ins Gespräch kam. Jedermann sprach vom „Bischof". Aber Bischof von wo? Das wußte zunächst niemand so recht.

Er redete schwäbisch, aber der Bischof von Augsburg war er schließlich nicht, denn den kannte man dort. Das brachte die Stationsschwester, nicht lange nach Georg Mosers Bischofsweihe, auf den Gedanken, bei mir, den sie schon länger kannte, in diesem Punkte diskret vorzufühlen. Als sich eine Gelegenheit bot, fragte sie mich also leise und bescheiden: „In welchem Bistum ist der Bischof eigentlich Bischof?" Auf meine schlichte Auskunft: „In Rottenburg" reagierte sie etwas verdutzt und schaute mich zunächst ratlos an. Auf einmal ging dann aber ein Leuchten über ihr Gesicht „Ah", sagte sie, „ob der Tauber!"

Ob die Umbenennung der Diözese von „Rottenburg" in „Rottenburg-Stuttgart" etwas damit zu tun hat, weiß ich nicht. Daß es aber 1978 an der Zeit war, scheint mir evident.

Georg Moser – Daten aus und zu seinem Leben

Georg Moser wurde am 10. Juni 1923 in Leutkirch (Allgäu) geboren als achtes von elf Kindern. Sein Vater war Schmied. 1948 wurde er zum Priester geweiht; 1950 berief man ihn als Präfekt des Josefinums in Ehingen. 1953 bis 1959 war Georg Moser Studentenpfarrer in Tübingen, danach Religionslehrer. In Tübingen wurde er mit einer Arbeit über „Die Eschatologie in der katechetischen Unterweisung" zum Doktor der Theologie promoviert. 1961 übernahm Dr. Moser die Leitung der Akademie der Diözese Rottenburg in Stuttgart. Im Oktober 1970 wurde er zum Weihbischof in Rottenburg ernannt. Die Bischofsweihe fand am 14. November 1970 statt. Zum Bischof von Rottenburg wurde er am 23. Februar 1975 gewählt; die Leitung der Diözese übernahm er am 25. März 1975, die Inthronisation erfolgte am 12. April 1975.
Dr. Georg Moser war lange Zeit und intensiv mit Medienfragen und Programmaufgaben befaßt. 1953–1970 war er Hörfunk- und Fernsehbeauftragter der Diözese Rottenburg beim SWF. Als Mitglied der Bischofskonferenz arbeitete er schwerpunktmäßig mit in der Publizistischen Kommission, deren Vorsitz er seit 1975 innehatte. Ebenfalls seit 1975 war er Mitglied der „Päpstlichen Kommission für die soziale Kommunikation".
Die zahlreichen Bücher und Schriften von Georg Moser haben weite Verbreitung gefunden.
Am 9. Mai 1988 starb Bischof Moser in Stuttgart an den Spätfolgen eines Nierenleidens.

Georg Moser

*Kommunikation und Menschlichkeit**

Ausgewählte Zitate aus Veröffentlichungen von Bischof Georg Moser

Die Bedeutung der Kommunikation für das Leben des Menschen beschränkt sich nicht auf das unmittelbare intersubjektive Miteinander. Über Kommunikation erschließt sich uns auch die Welt und Geschichte, in der wir leben. Wir erfahren von Dingen, von Ereignissen, von Zusammenhängen und lernen damit uns selber in unseren Bezügen besser kennen. Die Fülle dessen, was geschieht, weckt Interesse und wird zur Information. Hier ist das weite Feld öffentlicher Kommunikation und Publizistik.

*

Kommunikation ist notwendig für den einzelnen Menschen, für seine persönlichen Beziehungen, für seine Welterfahrung und seine Bildung; Kommunikation ist aber nicht weniger unverzichtbar für das öffentliche Leben einer freien Gesellschaft.

*

Ohne Kommunikation in den verschiedensten Formen kann menschliches Leben nicht gelingen. Daß Kommunikation in sich aber immer schon menschlich und in jedem Fall human geschieht, darf man nicht leichthin unterstellen. Kommunikation – damit sie menschlich wird – schließt ethische Implikationen wie Freiheit, Wahrheit und Offenheit der Kommunikation ein.

---

* Aus: *Georg Moser,* Kommunikation und Menschlichkeit, in: Communicatio socialis 3/1983, sowie *Georg Moser,* Beteiligung am gesellschaftlichen Gespräch, in: Communicatio socialis, 2/1985.

*

Besonderes Gewicht kommt den öffentlichen Medien zu. Massenkommunikation und Massenmedien stellen zentrale Größen des privaten und gesellschaftlichen Lebens dar. Tagtäglich werden wir von Nachrichten und Informationen aus Hörfunk, Fernsehen, Zeitungen, Illustrierten und Zeitschriften überflutet. Sie vermitteln Ansichten, Absichten, Meinungen, Werthaltungen und Verhaltensmuster, sie leisten Lebenshilfe und Weltbewältigung, sie bieten in umfassendem Sinn Welt-Anschauung. Man muß wirklich zunächst einmal das Großartige solcher Medien festhalten, die Möglichkeit, die sie dem modernen Menschen eröffnen. Sie erweitern den Raum menschlicher Begegnung und Kommunikation in einem Ausmaß, das früher unvorstellbar gewesen war. Sie erschließen den Zugang zu anderen Meinungen und Wertungen und zu fremden Völkern und Kulturen, die noch vor wenigen Generationen uns hier verschlossen und unbekannt waren.

*

Die Medien technisch-instrumenteller Kommunikation realistisch zu sehen heißt aber auch, ihre Ambivalenz zu erkennen. Gewiß darf man die Medien nicht zum Sündenbock aller Zerfallserscheinungen in unserer Gesellschaft machen. Doch die Frage nach der Qualität dessen, was uns Medien anbieten, muß immer neu gestellt und beantwortet werden. Und wenn Analysen einen psychischen Verödungs- und geistigen Nivellierungseffekt herausstellen, wenn warnend auf die Versuchung des einzelnen hingewiesen wird, in eine bloße Konsumentenrolle zu schlüpfen, so will das schon sehr ernst genommen werden.

*

Es gehört zu den wichtigen Anliegen der Kirche, in einer so weitreichenden Angelegenheit wie der gesellschaftlichen Kommunikation, sich an der öffentlichen Auseinandersetzung zu beteiligen, ihre eigenen Erfahrungen einzubringen und sie anzubieten im Rahmen der allgemeinen Überlegungen, die aus aktuellem Anlaß geboten sind.

*

Zu betonen bleibt immer: Nicht die technische Machbarkeit darf der Maßstab der Weiterentwicklung auf dem Gebiet der Medien sein, sondern die ethische Vertretbarkeit, die Menschendienlichkeit. Es bleibt eine der entscheidenden Fragen, ob wir uns einer technischen Entwicklung mit einer unaufhaltsamen inneren Dynamik verschreiben dürfen, ohne die voraussehbaren Folgen mit ethischen Maßstäben gemessen zu haben. Die Verantwortung für die Folgen gehört konstitutiv zu jedem menschlich-sittlichen Handeln. Weil wir die Verantwortung des Menschen für die gesamte Wirklichkeit betonen, weil wir darauf bestehen, daß alle Lebensbereiche menschengemäß und menschenwürdig gestaltet werden – denn dazu verpflichtet uns das christliche Menschenbild –, deshalb geben wir uns weder einem hektischen Fortschrittsdrang hin, noch verschließen wir uns in kulturpessimistischer Introvertiertheit gegenüber neuen technischen Entwicklungen.

*

Qualität steht über Quantität. Die wirklichen Fragen des Menschen müssen gestellt und angegangen werden, zur Sprache kommen. Wer unsere Gesellschaft betrachtet, erkennt *Verdrängungsversuche* in großer Zahl. Auch Lautstärke, die Hinwendung zur Oberfläche, die dauernde Ablenkung, die Umtriebigkeit sind solche Reaktionen. Verdrängungen aber lösen keine Probleme.

*

Kritisches, waches, konstruktives Bewußtsein darf nicht betäubt werden. Eine mediale Narkose, also ein verzerrtes Bild unserer Wirklichkeit, der Sieg des Scheins über die Realität könnte Langzeitwirkungen zeitigen, die in höchstem Maße unerwünscht, ja selbstzerstörerisch sein könnten. Verzerrte Bilder von Mensch und Welt, die entscheidende Dimensionen unseres individuellen und gesellschaftlichen Lebens verschweigen oder verfälschen, können nicht erwünscht sein. Sie sind lebensfeindlich, im letzten sogar pervers. Für alles, was das Leben fördert, gegen alles, was es verstellt – dieser Grundsatz behindert nicht ein Programm mit großer Bandbreite, dieser Grundsatz enthält aber Kriterien, die an bestehende und neue Programme angelegt werden müssen. Es muß gefragt werden, ob Programme um des Menschen willen gemacht werden oder wegen des Profits, ob sie Zusammenleben fördern oder polarisieren, ob sie Frieden stiften oder zerstören, Gegensätze aufbauen oder Konflikte ansprechen und lösen. Das ist gemeint, wenn wir sagen: Maßstab und Ziel einer Veränderung der Mediensituation sind für die Kirche die Förderung und Verbesserung der sozialen Kommunikation.

*

Solche Forderungen und Aussagen ergeben sich aus dem Selbstverständnis der Kirche, als Anwalt des Menschlichen zur gesellschaftlichen Diskussion beizutragen. Darüber hinaus aber hat die Kirche im Rahmen ihres Verkündigungsauftrages das Interesse und die Aufgabe, ihre frohe Botschaft weiterzusagen in jeder Form, die dem Inhalt, dem Empfänger und dem Medium angemessen ist. Wenn Medien den runden Tisch der Gesellschaft bilden, das Zeitgespräch der Gesellschaft in Gang halten, dann gehört es zur ersten Aufgabe der Kirche, ihren Beitrag zu leisten zur Diskussion und Formulierung des Minimalbestandes verbindlicher Werte und Normen, die für das Zusammenleben in einer pluralistischen Gesellschaft notwendig sind. Dieser spezifische kirchliche Beitrag ist weder zu leisten vom Staat noch von anderen Gruppen. Dieser Beitrag fällt darum aus, wenn ihn die Kirchen vernachlässigen.

*

Die Kirche darf aber nicht nur Ansprüche an andere formulieren. Vielmehr fallen diese Ansprüche auf sie selbst zurück. Wenn sich die Kirche im Medienbereich engagiert, dann nicht, um nur dabeizusein. Dann müssen Form und Inhalt ihrer eigenen Sendungen den gestellten Erfordernissen genügen. Dann müssen gerade von solchen Angeboten in gültiger Form existentielle Fragen angegangen, Vergessenes, am Rande Liegendes, Verdrängtes beleuchtet werden; dann müssen die Themen und Fakten, die menschliches Leben bereichern, Gegenstand kirchlicher Anstrengungen in den Medien sein. Die christliche Zusage heißt: dem Leben von Gott her trauen zu können. Wäre das nicht ein Prinzip für Auswahl und Gestaltung von Beiträgen in Zeitungen und Zeitschriften, für Sendungen in Hörfunk und Fernsehen?

Die Autoren

Auer, Alfons, 1915, Dr. theol., em. Professor für Theologische Ethik an der Universität Tübingen.

Bausch, Hans, 1921, Dr. phil., Dr. rer. pol. h. c., Professor, Intendant des Süddeutschen Rundfunks (seit 1958), derzeit Vorsitzender der ARD.

Holzamer, Karl, 1906, Dr. phil., Professor, Mitglied des Rundfunkrates des SWF 1949–1960, Intendant des Zweiten Deutschen Fernsehens 1962–1977.

Kampe, Walther, 1909, Weihbischof Bistum Limburg, Priesterweihe 1934, Bischofsweihe 1952, Mitglied der Publizistischen Kommission der Deutschen Bischofskonferenz 1966–1984, emeritiert 1984.

von Keler, Hans, 1925, Dr. theol. h. c., Prälat in Ulm bis 1979, Landesbischof der Evangelischen Landeskirche in Württemberg bis 1988.

Plünnecke, Elisabet, 1921, Stuttgarter Nachrichten (Feuilleton) 1947, Referentin an der Akademie der Diözese Rottenburg in Stuttgart 1969, Stellvertretende Akademiedirektorin 1971–1986, Schriftleiterin des „Literatur-Report".

Roegele, Otto B., 1920, Dr. phil., Dr. med., em. Professor für Zeitungswissenschaft an der Universität München, Chefredakteur „Rheinischer Merkur" 1949–1963, danach Herausgeber und Mitherausgeber.

Schätzler, Wilhelm, 1929, Prälat, Priesterweihe 1957, Leiter der Kirchlichen Hauptstelle für Bild- und Filmarbeit 1969, Leiter der Zentralstelle Medien und Sekretär der Publizistischen Kommission 1976, Sekretär der Deutschen Bischofskonferenz seit 1983.

Scharf, Albert, 1934, Professor, Justitiar und Stellvertretender Intendant des Bayerischen Rundfunks, seit 1983 Präsident der Union Europeénne de Radiodiffusion (UER).

Schwarzkopf, Dietrich, 1927, Programmdirektor (Fernsehen) NDR 1966, Stellvertretender Intendant NDR 1974, Programmdirektor Erstes Deutsches Fernsehen seit 1978.

Späth, Lothar, 1937, Dr. h. c., MdL (CDU) in Baden-Württemberg 1968, Ministerpräsident seit 1978.

Stolte, Dieter, 1934, Professor, Fernsehdirektor SWF 1973, Programmdirektor ZDF 1975, Intendant des Zweiten Deutschen Fernsehens seit 1982.

Zeeden, Ernst Walter, 1916, Dr. phil., em. Professor für Mittlere und Neuere Geschichte an der Universität Tübingen.

Die Herausgeber

Glässgen, Heinz, 1943, Dr. theol., Referent an der Akademie der Diözese Rottenburg 1970, Fernsehbeauftragter und Leiter der Fachstelle für Medienarbeit Diözese Rottenburg-Stuttgart 1971, Abteilungsleiter und Stellv. Hauptabteilungsleiter beim Norddeutschen Rundfunk (Fernsehen) 1985.

Tompert, Hella, 1943, Dr. phil., Referentin an der Akademie der Diözese Rottenburg 1970 und 1975, Wiss. Mitarbeiterin im SFB 8 der Universität Tübingen 1973, Leiterin des Referats Kommunikationspädagogik der Zentralstelle Medien der Deutschen Bischofskonferenz 1981.

Bücher von Bischof Moser im Verlag Herder

Auf dem Weg zu mir selbst

„Bischof Moser weiß auch in diesem Bändchen, wo ‚viele der Schuh drückt'. Er weckt unseren Mut zum Menschsein. Aus seinen kurzen, anschaulichen Besinnungen spricht der Seelsorger, der zeigt, was für den Weg zu uns selbst wirklich wichtig ist"
(Würzburger Diözesanblatt).

8. Auflage, 64 Seiten, Paperback. ISBN 3-451-19694-8

Gelebte Träume

Worte von Helder Câmara und was sie mir bedeuten

„Diese Texte sprechen unmittelbar an. Sie überraschen und machen betroffen. Bischof Moser hat anhand solcher Texte aktuelle Meditationen gewoben. Er findet auch da, wie in allen seinen Publikationen, den richtigen Ton, der den Menschen aufhorchen läßt und in Ohr und Seele dringt"
(Schweizerische Kirchenzeitung).

2. Auflage, 72 Seiten, gebunden. ISBN 3-451-20629-3

Ich bin geborgen

Worte der Zuversicht

„Ein außergewöhnlich gutes Buch für die Meditation. Hier findet der Christ die Geborgenheit aus der christlichen Hoffnung, die den Menschen zum Abenteuer des Lebens, der Liebe, der Mitmenschlichkeit anspornen" (Cursillo).

13. Auflage als Sonderausgabe, 144 Seiten, Paperback.
ISBN 3-451-19986-6

Mut zur Liebe

„In verständlicher, meditativer Sprache wird das alltägliche Leben im Licht des Glaubens gedeutet. Die Texte aus Predigten und Ansprachen zu recht verschiedenen Anlässen zeichnen sich aus durch spirituelle Tiefe und gedankliche Klarheit, nicht zuletzt auch durch eine bemerkenswerte Nähe zum Leben"

(Der Dom, Paderborn).

2. Auflage, 120 Seiten, Paperback. ISBN 3-451-20995-0

Was die Welt verändert

„Bischof Moser schenkt in seinem neuen Buch geistliche Atempausen. Er lädt die Leser ein, sich auf den Weg der Menschwerdung zu machen, den Sprung in Gottes Liebe zu wagen. Er nimmt ihn mit auf den Weg der Kirche, um mit ihm die stille Veränderung der Welt zu bewirken" (Katholisches Sonntagsblatt).

4. Auflage als Sonderausgabe, 144 Seiten, Paperback.
ISBN 3-451-21336-2

Wie finde ich zum Sinn des Lebens

„Dieses Buch wird den Weg zu seinen Lesern finden, denn es ist nicht arrogant, nicht im Vollbesitz der Wahrheit, nicht anbiedernd, sondern anbietend geschrieben. Vielleicht kommt manches aus einer schwäbischen Heiterkeit und Zuversicht"

(pax christi, Frankfurt a. M.).

8. Auflage als Sonderausgabe, 144 Seiten, Paperback.
ISBN 3-451-20595-5

Verlag Herder Freiburg · Basel · Wien